Kleine Schule der Zoopsychologie

Nataliya Kriwolaptschuk

Wie lebt man mit einem Fox

Nataliya Kriwolaptschuk

Wie lebt man mit einem Fox

1.Auflage 2007 © 2007 Gleb Wygodski Verlag

Übersetzung: Nina Letneva
Umschlaggestaltung: Leonid Kharlamov
Bildgestaltung: Anna Vichrova und
"COMPUS" (Polen)
Bilder von der Autorin und Alena Artamonova
Zeichnungen von der Autorin
ISBN: 978-3-9811664-0-8

Druck und Bindung: im Adama Poltawskiego, Polen

Dem zärtlichen Andenken an Ji-Ji-Gil-Estel, der edelsten unter den adlen Foxterriern.

Nataliya Kriwolaptschuk

Die Haupteigenschaft eines echten Herrn eines echten Foxterriers ist die Fähigkeit zur Freundschaft. Und wenn Sie eine Widerspiegelung Ihrer Seele im Charakter des Freundes und die von ihm in sich selbst suchen wollen und können, wird ein Foxterrier für Sie zu einer unerschöpflichen Quelle des Luxus der Beziehung Mensch – Hund. Denn inmitten der Schwierigkeiten und Wechselfälle unseres Lebens ist es so angenehm, zu wissen, dass es darin etwas Unveränderliches gibt: die Ergebenheit und ständige Freundschaft eines Foxterriers, der keinen Gefühlsverirrungen unterworfen ist.

Nataliya Kriwolaptschuk

Grundsätze unseres Umgangs mit Hunden

1. Ein Hund bleibt ein Raubtier – nicht so sehr wegen der Zusammensetzung der Nahrung wie vielmehr wegen des Ernährungsregimes und des Typs des Fressverhaltens. Deshalb darf das Futter des Hundes nicht in einem Napf liegen.

2. Der Hund hat sehr hoch entwickelte territoriale Instinkte. Deshalb braucht er einen gut geschützten Platz, sein eigenes "Fleckchen" im Zimmer seiner Herren und nicht in der Diele (dem Korridor, der Vorhalle).

3. Der Hund ist ein in höchstem Grade soziales Tier, er verhält sich unterschiedlich je nachdem, ob es sich um die Mitglieder seiner Meute beziehungsweise der Familie seiner Herren oder um Fremde handelt. Deshalb darf man nicht:
- dem Hund erlauben, sich an Fremde anzuschmiegen und mit ihnen zu spielen;
- dem Hund beibringen, einem Fremden Pfötchen zu geben (das ist eine sehr intime freundschaftliche Geste);
- Fremden (selbst Freunden und Angehörigen) erlauben, dem Hund ein Kommando zu geben;
- den Wunsch des Hundes billigen, selbst mit Hausfreunden aktiv und lange zu spielen.

Der Hund (gleich, welcher Rasse und Größe) muss unbedingt spazierengehen, doch braucht er nicht sehr viel Bewegung, Lauferei und Spiele. Am nützlichsten für jeden Hund sind das "Spazierenführen" auf der Straße und intellektuelle Belastungen.

 Liebkosungen der Tiere sind auf die Pflege von Körper und Fell ausgerichtet, sie sind kein Ausdruck plötzlicher Zärtlichkeit. Liebkosungen und Zärtlichkeiten sind vom Standpunkt des Hundes nur in intimen Minuten und in Abwesenheit von Fremden angebracht.

 Für das Verhalten des Hundes ist in jeder Situation sein Besitzer verantwortlich: sowohl vom Standpunkt eventueller Unannehmlichkeiten für die Anderen als auch um der Ruhe des Hundes selbst willen.

Unsere Vorurteilr über Hunde

1 Der Welpe erbt von seinen Eltern und entfernteren Ahnen einige Besonderheiten, so die Angst vor einem Schuss (vor Autos, Menschen, anderen Hunden), Boshaftigkeit oder Feigheit und selbst die Beziehungen zu den Herren.

2 Vor Beendigung der Zeit der Impfungen und Quarantänen darf man mit dem Welpen nicht spazierengehen.

3 Man darf mit dem Welpen nicht auf den Armen oder "an der Brust versteckt" spazierengehen, damit er frische Luft schnappt.

4 Man darf den Welpen nicht an fremde Hunde heranlassen, damit er nicht angesteckt oder beleidigt wird.

5 Am bequemsten und sichersten ist es, den Welpen auf den Armen mit dem Rücken an sich gedrückt und dem kleinen Bauch nach vorn zu halten.

6 Der Hund muss wenigstens einmal im Leben "aus Gesundheitsgründen" einen Sexualakt haben.

Ein Sexualakt befreit eine Hündin von falschen Schwangerschaften.

 Ein Sexualakt beseitigt bei einem Rüden die übermäßige Boshaftigkeit.

 Ein Sexualakt löst (unabhängig vom Geschlecht) die Probleme der Feigheit und Schüchternheit.

 Nach einem Sexu alakt des Hundes bahnen sich seine Beziehungen zum Herrn besser an.

INHALT

1. Wer ist ein Foxterrier ?   11

2. Wer sind Sie, der Herr eines Foxterriers ?   15

3. Wird man es mit einem Fox nicht schwer haben?   19

4. Verräglichkeit mit anderen Rassen   25

5. Ein echter Foxterrier   28
   - Entwicklung des Intellekts
   - Verhaltensbesonderheiten
   - Emotionalität
   - Soziale Beziehungen
   - Besonderheiten des Unterhalts

6. Wie ein Foxterrier ein echter Foxterrier wird   40

7. Ein Foxterrier auf der Ausstellung   52

8. Kommentar zum Rassenstandard   71

9. Sprachführer Menschlich – Hündisch   82

10. Dressur für den Fox   92
    - Wozu ist die Dressur gut ?

INHALT

- Wieveil Gehorsam ist nötig?
- Lenken des Verhaltens
- Kann der Fox Ihr Beschützer sein?
- Aufspürarbeit
- Agility

Anhang 1. Richtige Futterration eines
Welpen und eines erwachsenen   125
Foxterriers
Anhang 2. Fütterungsregeln   127
Anhang 3. Ausdrucksmittel der Hunde   129
Anhang 4. Nützliche Spiele   136
Anhang 5. Methodik zu einer optimalen
Herausbildung der Psyche des Hundes
im ersten Lebensjahr   141
Anhang 6. Für jeden Familienhund
nützliche Übungen   150
Anhang 7. Maßnahmen zur Senkung der
Erregbarkeit des Nervensystems   156
Anhang 8. Methoden und Übungen zur
Korrektur der Psyche Problemen
bei Foxterrieren; Schemas   162

1. WER IST EIN FOXTERRIER?

Ein Foxterrier, besonders einer mit rauem Fell, wird nicht selten als "Hund des englischen Gentlemans" bezeichnet. Unter uns gesagt, glaubt man dabei, dem Hund stark zu schmeicheln. Wie denken Sie aber: Was ist schwieriger, einem Gentleman oder einer Dame gefällig zu sein? Wenn Sie mich fragen würden, die ich jahrelang mit dieser Rasse lebe, würde ich einen Fox eher als den Hund einer englischen Lady bezeichnen. Der Grund ist nicht etwa der weibliche Charakter, nicht die Feinheit der psychologischen Nuancen, die, wie gemeinhin angenommen wird, die Frauen so angenehm berühren. Diese Züge sind einem wahren Foxterrier keineswegs eigen! Der Fox ist auch selbst ein Gentleman, der sich durch eine unerschütterlich ritterliche Beziehung zu seiner Herzensdame auszeichnet und die zarte Frauenseele mit Energie und Standhaftigkeit auflädt. Selbst winzige Foxhündinnen, die zweifellos viel fraulicher sind als die Foxrüden, zeichnen sich in erster Linie durch ihre Entschlossenheit und Aktivität aus, die sich besonders in einer akuten Situation äußert, wenn Sie selbst am wenigsten an feine psychologische Übergänge zu denken geneigt sind. Nicht wahr, es ist nicht schlecht, sich in einer schweren Minute auf ein kleines, aber dir unbedingt ergebenes Wesen stützen zu können?

Wahrscheinlich wissen Sie (oder es wird Ihnen angenehm sein, das zu erfahren), dass die Foxterrier eine der in Großbritannien und übrigens auch im kontinentalen Europa ältesten bekannten Rassen sind. Dass Foxterrier bei der Höhlenjagd halfen, ist seit dem 17. Jahrhundert bekannt, und die erste Darstellung eines Foxterriers datiert aus dem Jahre 1700. Der erste Klub der Liebhaber dieser Rasse

WER IST EIN FOXTERRIER?

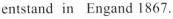

entstand in Engand 1867. Seit Jahrhunderten war die Spezialität des Foxes die ernste und schwere Jagd auf gefährliche und große Tiere. Zu ihren Jagdtaten gehören nicht nur die Jagd auf Dachse, Füchse und Waschbären, sondern auch auf Eber, Elche und Bären. Keine leichten Trophäen, das müssen Sie schon zugeben! Daher auch der kämpferische und unbeugsame Charakter.

Der Foxterrier von heute ist selbstverständlich nicht mehr jener spezialisierter Jagdhund, als den ihn das gute alte England einst kannte. Der Fox, inzwischen ein angenehmer und netter Gesellschafter, ein Kamerad bei Spaziergängen und Reisen, verschönert die Mußestunden, tröstet und unterstützt einen in einer schweren Minute. Er ist nicht so amüsant wie ein Pudel, aber auch nicht so anspruchsvoll gegenüber seinem Herrn wie ein Dackel oder eine französische Bulldogge. Ein richtig erzogener Foxterrier kennt keine Launen, ist taktvoll und tätig – alles zum Wohl seines Herrn!

Heutzutage genießen diese Hunde eine nicht sehr laute, aber beständige Popularität, sind den Modelaunen nicht unterworfen und brauchen seitens anderer kleiner Terrier keine Konkurrenz zu befürchten. Wer sich in einen Fox verliebt hat, wechselt selten zu einer anderen Rasse – lieber schon gar keinen Hund mehr.

Menschen, welche die Foxterrier wenig kennen, unterschätzen sie oft. Was alles wird ihnen nicht angedichtet! Sie hätten hinter ihrer schmalen Stirn nur eine einzige Hirnwindung, die wegen Platzmangels nur einen einzigen, ganz kurzen Gedanken fassen könne. Obendrein verstünden sie nichts von Freundschaft, erst recht könne keine Rede davon sein, dass sie ihren Herrn ohne Worte achten und

WER IST EIN FOXTERRIER?

und verstehen könnten. Zudem seien sie stur, empfindlich und handeln gemein, um den Herrn zu ärgern. Aber denken Sie einmal darüber nach: Stimmt das wirklich? Ohne Ihnen meine Antwort auf diese Frage aufzwingen zu wollen, bitte ich Sie, sich mit den Urteilen zu gedulden, bis Sie dieses Buch zu Ende gelesen haben.

2. WER SIND SIE, DER HERR EINES FOXTERRIERS?

Die eingefleischten Fox-Liebhaber provozieren manchmal selbst die Besitzer anderer Rassen zum Belächeln und Ironisieren n ihre Adresse. Es ist jedoch nicht ausgeschlossen, dass in diesen Spötteleien auch ein Quäntchen Neid steckt. Man geht zum Beispiel mit einem Foxterrier die Straße entlang, und plötzlich hält auf der anderen Seite der Straße ein Auto, der Fahrer springt heraus, läuft herrüber und beeilt sich, dir mitzuteilen, vor vierzehn Jahren habe auch er einen Fox gehabt... Bei Ausstellungen bilden die Fox-Besitzer eine eng geschlossene Gruppe, gemeinsam freuen sie sich über Siege und sind über Misserfolge betrübt. Diese Geschlossenheit, dieses unausrottbare Bedürfnis nach Seinesgleichen und auch nach anderen rührt bei den Fox-Besitzern von ihren geliebten Foxen her.

Die wichtigste Eigenschaft eines echten Herrn eines echten Foxterriers ist die Fähigkeit zur Freundschaft. Und wenn Sie eine Widerspiegelung Ihrer Seele im Charakter des Freundes und die von ihm in sich selbst suchen wollen und können, wird ein Foxterrier für Sie eine unerschöpfliche Quelle des Luxus des Verkehrs Mensch – Hund sein (möge Graf de Saint-Exupéry mir die freie Wiedergabe seiner Worte verzeihen!).

All die Wendungen, die im stürmischen Leben des Foxes jede Sekunde eintreten, interessieren Sie. Es ist ein Vergnügen für Sie, diesen lebhaften, aber vernünftigen Charakter zu verstehen. An dem Freund sind Ihnen gerade seine eigenen Meinungen, seine Selbstständigkeit und die Fähigkeit zu einer Tat teuer. Was ein tiefes gegenseitiges Verständnis nicht

WER SIND SIE,..?

ausschließt. Aber am allermeisten shätzen Sie den aufmerksamen und zärtlichen Blick der Ihnen zugewandten Augen – ohne jede Liebedienerei, doch mit dem ewigen Durst nach Gegenseitigkeit.

Ein echter Fox neigt nicht zur Unterwürfigkeit gegenüber dem Menschen, er muss an seinen Herrn glauben und nicht ihm huldigen. Und ich versichere Ihnen: Nicht jeder Hund versteht es, Seinen Eigenen Menschen so sehr zu achten!

Sie sind aktiv und energisch, sie haben nichts dagegen, ein übriges Mal nicht nur durch die städtische Parkanlage, sondern auch auf Waldpfaden zu wandeln. Den Reiz eines Spaziergangs beurteilen sie nicht nach der Zahl der zurückgelegten Kilometer und der überwundenen Erdklüfte, sondern nach der Zartheit der ersten Frühlingsblumen, dem Geruch des Falllaubs und den lustigen Streichen von Fröschen und Igeln, denen sie begegnen.

Sie verlangen von Ihrem Freund keine unendliche Vielfalt und nicht die Fähigkeit, feinfühlig auf die geringsten Umschläge in Ihrer Stimmung zu reagieren. Im Gegenteil, in einer schweren Minute ist Ihnen die Beständigkeit des Hundes eine Stütze. Denn mitten in den Schwierigkeiten und der Hektik unseres Lebens ist es so angenehm zu wissen, dass es darin etwas Unveränderliches gibt: die Ergebenheit und stete Freundschaft des Foxterriers, der keinen Gefühlsverwirrungen unterworfen ist.

Es macht Ihnen Freude, den jüngeren Freund anzulernen, rechtzeitig und ohne Nachdruck seinen Fehler zu verbessern, ihm richtige Ansichten über das Leben beizubringen. Im Allgemeinen ist die Beziehung des Foxes zu seinem Herrn sehr schmeichelhaft für den

WER SIND SIE, ...?

Menschen. Nachdem der Fox Seinen Menschen erkannt hat, betrachtet er ihn kraft der eigenen Beständigkeit in den Gewohnheiten als das Muster in jeder Hinsicht, während er in den individuellen Besonderheiten anderer Menschen Abweichungen von der Norm sieht – von harmlos-amüsanten bis zu verurteilenswerten.

Nicht wahr, es ist doch angenehm, für Ihren Hund das Ideal zu sein?

Doch verpflichtet das dazu, die Reaktionen des Foxes aufmerksam zu verfolgen, zum Beispiel auf die schlappenden Pantoffeln alter Frauen oder das Gekreische verspielter Kinder, um rechtzeitig das Verhalten des Hundes in die zulässige Bahn zu lenken.

Ausgezeichnet ist auch, dass der Fox (beim Zustandekommen guter Beziehungen) Ihre Forderungen als die Weisheit in letzter Instanz akzeptiert.

Es wird ihm nie einfallen, an den Einschätzungen und Verfügungen seines Herrn zu zweifeln und sie ständig zu überprüfen, wie es zum Beispiel der deutsche Schäferhund tut.

Außer des angenehmen und für den Menschen schmeichelhaften gegenseitigen Verstehens brauchen Sie von Ihrem Hund auch Kampfeigenschaften – vielleicht benötigen Ihre Kinder einmal den Schutz. Obwohl alle im Foxterrier gewohnheitsmäßig ausschließlich einen Jagdhund sehen, kann er sich auch für seinen Herrn einsetzen. Natürlich ist der gelinde gesagt mittelgroße Hund nicht imstande, einen Menschen zu Boden zu strecken oder ihn gleich einem richtigen Diensthund festzuhalten. Doch wenn man weiß, an welcher Stelle ein großes und starkes Tier verwundbar ist, fällt es nicht all zu schwer, auch mit einem Menschen fertig zu werden.

WER SIND SIE...?

Was Angst ist, weiß der Fox einfach nicht! Das ist ihnen nicht gegeben, eben durch die Geschichte der Rasse verboten, die es den Jägern hilft, sowohl Eber als auch Bären zu fangen. Die schüchternen und willensschwachen Hunde wurden nicht einfach vom Menschen ausgesondert, sie gingen gleich bei den ersten Jagden zugrunde, ohne Zeit gehabt zu haben, eine unwürdige Nachkommenschaft zu hinterlassen.

Unbezweifelbare Vorzüge der Rasse:

Der Hund ist mittelgroß und kompakt, was es erlaubt, ihn praktisch immer und überall mitzunehmen; das Fell fällt bei richtiger Pflege nicht aus und verdreckt nicht das Haus. Weitere Merkmale: eine Eleganz, an der auch ein noch so auserwählter Geschmack nichts auszusetzen hat; die beinahe katzenartige Fähigkeit, seinen Herrn in einer schweren Minute zu trösten; ein guter Appetit, der Fox ist nicht wählerisch in der Nahrung; Erreichen eines hohen Alters und Krankheitsresistenz; nicht hohe Unterhaltungskosten.

Das wäre ein Foxterrier: ein furchtloser, energischer, kontaktfreudiger Hund, der dem Menschen die treueste Freundschaft schenkt, praktisch ohne ihm eigene Bedingungen zu stellen.

Doch gibt es keine Hunde (wie auch keine Menschen) ohne ihre Besonderheiten, die dem Partner lästig vorkommen können.

3. WIRD MAN ES MIT EINEM FOX NICHT SCHWER HABEN?

Einem Foxterrier darf man nicht emotional labil oder mit stürmischen Gefühlsausbrüchen kommen, denn auch er wird dann zu einem Sturm, einem Zyklon, einem Tornado! Und da eine echt englische Reserve Ergebnis einer zuverlässigen Kontrolle über die eigenen Gefühle ist, dürfte verständlich sein, was ein echter Fox von Ihnen erfordert: die Fähigkeit, unter keinen Umständen, ob frohen oder nicht sehr frohen, den Kopf zu verlieren.

Wissen Sie noch?
"Intelligenz ist die Kunst der Auswahl der eigenen Gedanken." Auf den Foxterrier bezieht sich das in höchstem Maße, doch ihm diese gute Eigenschaft beizubringen vermag nur ein Herr, der sie selbst besitzt.

Traditionstreue, diese rein britische Eigenschaft, entspricht am besten dem Charakter eines Foxes, der sich der Unbeständigkeit und Veränderlichkeit in allem nur schwer anpasst. Eigentlich sind alle Terrier nicht sonderlich flexibel in ihrem Denken und Verhalten und ziehen unbedingt eine beständige Situation vor.

WIRD MAN ES MIT EINEM FOX...?

Steht es Ihrem Foxterrier vielleicht bevor, zusammen mit Ihnen eine unbeständige Lebensweise mit häufigen Reisen und oft wechselnder Umgebung zu führen? Dann müssen sie besonders auf die frühe Kindheit des Welpen, den Stil des Umgangs mit ihm, einige seiner Spiele und den Inhalt der Spaziergänge achten und noch rechtzeitig dem Terrier einen flexibleren Charakter anerziehen.

Ein Terrier kann sehr viel davon akzeptieren, was Sie ihm anbieten, nur eines ist für ihn unannehmbar: wenn Sie oft keine Zeit für ihn haben.

Und selbst dann, wenn es der Fox schwer hat (zum Beispiel an einem für ihn völlig neuen Ort, dort, wo ganz andere Gewohnheiten erforderlich sind als seine früheren), lautet das Hauptgebot: "MIT DEM HERRN AUCH ZUM MOND FLIEGEN!" Wenn Sie also zu einem ständigen gemeinsamen Leben mit Ihrem Hund nicht bereit sind und dazu neigen, mit ihm nur ab und zu, wenn Sie gerade die Stimmung dazu haben, zu verkehren, werden Sie es mit dem Fox schwer haben. Und er wird es mit Ihnen noch schwerer haben. Das ergibt dann Probleme, die das Leben vergällen.

Einem Menschen, der wünscht, dass der Hund ewig ein Kleinkind, verspielt und nicht ganz ernst, voll und ganz vom Erwachsenen abhängig bleibt, kann der Fox viel zu selbstständig vorkommen; und bald wird Sie das ärgern und die Empfindung auslösen, dass der Hund seinen Herrn ungenügend mag. Sie und Ihr Hund werden es auch dann nicht leicht haben, wenn Sie am Hund offenkundige Gefühlsausbrüche schätzen – bei einem Foxterrier werden sie gleichsam durch andere Eigenschaften verdeckt.

WIRD MAN ES MIT EINEM FOX...?

Der Besitzer eines Foxterriers darf nie vergessen, dass das Wichtigste im Leben der noch gar nicht fernen Vorfahren dieses Hundes die Arbeit für den Menschen war. Es ist gut, dass der Fox alles als nützliche Arbeit versteht, was der geliebte Herr braucht: Fahrten ins Grüne, absichtliche "Publizität" bei Ausstellungen, selbst das Suchen nach den Hausschuhen unter dem Bett.Doch geradediese Funktionalität, dieses Suchen nach dem Lebenszweck lassen den Fox häufig so aktiv werden, dass dies seinem Herrn lästig wird. Was der Hund konkret als seine Dienstpflichten auswählt, lässt sich unmöglich voraussagen. Foxe können aus eigenem Antrieb in den Höfen Katzen und Ratten fangen, Skandale mit jedem anderen Hund entfachen und selbst in der nächsten Müllgrube nach "leckeren Überraschungen" suchen – alles nur dazu, um sich wenigstens für eine Weile als echter Arbeiter zu fühlen.

Wenn Sie dazu noch Ihren Hund nur dann beachten, wenn er etwas Ungebührendes tut, sind Ihnen bei jedem Spaziergang Unannehmlichkeiten sicher.

Ihr netter Fox wird sich zahlreiche hässliche Dummheiten erlauben, nur damit Sie ihn öfter anblicken. Unerlaubt für den Besitzer eines Foxterriers sind Langsamkeit und schlaffe Kontemplation. Es gibt wohl keine andere Hundeart, die fähig ist, ohne das kontrollierende Auge des Herrn auf sich zu spüren, so viele Streiche zu erfinden wie ein Foxterrier. Das ist keine Bosheit, sondern vielmehr das angeborene Bedürfnis nach aktiver Tätigkeit. Sie müssen aber wissen: All seinen vernünftigen und nicht sehr vernünftigen Handlungen gibt sich der Fox gleich temperamentvoll hin.

WIRD MAN ES MIT EINEM FOX...?

Wenn Ihnen und Ihrem Hund solche **Die meistverbreiteten Probleme** eines Foxterriers, die Sie ärgern können, sind: Wühlen in Müllkästen und diebisches Entwenden fremder Nahrung; häufiges Wegrennen bei einem Spaziergang; Beschädigung kleiner Dinge; Verzärtelung, Launen; "Weinerlichkeit"; erhöhte Erregbarkeit.

Unannehmlichkeiten doch passiert sind, ist der Abschnitt *"Wie man ein Echter Fox wird"* speziell für Sie bestimmt.

Je nachdem, welche Eigenschaft eines Hundes Ihnen am meisten zusagt, könnten sie sich einen Hund unter den Rassen auswählen, die in etwa dem Fox ähnlich sind, doch an den Herrn nicht so strikte Forderungen stellen.

Was einem zuerst einfällt, ist natürlich der **Welsh-Terrier**, der etwas ruhiger, sanfter und, ich würde sagen, nachgiebiger ist als der Fox, sowie der **Jagdterrier**, der im Gegenteil mehr Hasard und Beharrlichkeit in allem zeigt, was er tut. Wenn man sich den Welsh- und den Jagdterrier als zwei Pole vorstellt, steht der Fox ungefähr in der Mitte zwischen ihnen.

Möglich, dass Sie sich für einen **Beagle** entscheiden, einen sympathischen mittelgroßen Hund, der ebenfalls von Jagdhunden abstammt, doch nicht so stark an seinem Herrn hängt und in seinem Charakter nicht so stereotyp ist.

Es könnte sein, dass Ihnen als ein etwas emotionalerer Partner ein **Mittelschnauzer** oder ein **Zwergschnauzer** angenehm ist. Das sind unwahrscheinlich aktive und energiegeladene Hunde, sie hängen jedoch in ihrem jeweiligen Verhalten von der Stimmung ab. In Frage kämen auch andere kleine Terrier, zumal die Auswahl

WIRD MAN ES MIT EINEM FOX ...?

hier kolossal ist. Viele Arten dieser Gruppe benötigen nicht in diesem Maße Arbeit und zielgerichtete Aktivität wie die Foxterrier und sehen den Hauptsinn ihres Lebens in der Teilnahme am Alltagsleben des Menschen.

Kurzum, die Wahl bleibt Ihnen überlassen. Aber bei dieser Wahl beachten Sie bitte eine weitere Erwägung: Könnte es sich nicht letzten Endes ergeben, dass der Hund Ihnen nötige Eigenschaften hinzufügt und Ihren eigenen Charakter verbessert?

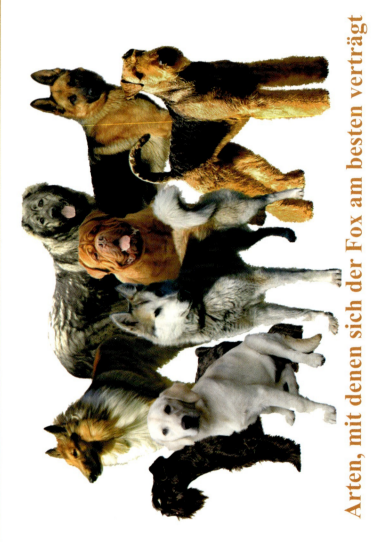

Arten, mit denen sich der Fox am besten verträgt

4. VERTRÄGLICHKEIT MIT ANDEREN RASSEN

Es ist wohlbekannt, dass nicht alle Hunderassen einander gut verstehen und in ein und derselben Familie ohne Konflikte und Komplikationen koexistieren können. Die Verträglichkeit oder Unverträglichkeit der Rassen kann Ihr Leben lange Jahre hindurch entweder erfreuen oder betrüben. Was tun, wenn Sie bereits einen Hund haben, aber sich zusätzlich noch einen Foxterrier halten möchten?

Vorrangig bei der Klärung der Frage nach einem gemeinsamen Leben von verschiedenen Rassen sind die Ähnlichkeit bzw. Unterschiedlichkeit der rassebedingten Charaktere und außerdem mehr oder weniger die äußere Ähnlichkeit, die das Verstehen der rassemäßigen Varianten der "Hundesprache" erleichtert. Da sich bei den Foxen, die seit Alters mit anderen Hunden gemeinsam gelebt und gearbeitet haben, beständige Vorstellungen von den Gesetzen des gemeinsamen Lebens mit anderen Arten herausgebildet haben, ist es für sie wichtig, die Stammesgenossen, mit denen sie gemeinsam leben, auch richtig zu verstehen.

Arten, mit denen sich der Fox am besten verträgt (wenn auch beim Spazierenführen nicht unbedingt Freundschaft hält): der deutsche, der kaukasische, der mittelasiatische Schäferhund, die europäischen Schäferhunde, die Dogge, der Schnauzer, der Collie, der Sheltie, die zur Jagd abgerichteten Eskimohunde, die Retriever, die Vorsteh-, die Jagdhunde, die Airedale-Terrier. Die Beziehungen zu den anderen kleinen Terriern und sonstigen Lebensgefährten können sich sehr individuell gestalten.

ERTRÄGLICHKEIT ...

Arten, mit denen es der Fox unbedingt schlecht hat: der Rotweiler, der Dobermann-Pinscher, die englische und die französische Bulldogge, der Boxer, der Basset Hound, der Pekinese, die Spaniels, der Shi-Tsu, der Sharpey, der Chow-Chow.

Wenn Sie einen Foxterrier in eine Meute einführen, machen Sie sich darauf gefasst, dass der Prozess der Anbahnung der Beziehungen zwischen den Hunden von Ihnen viel Einfühlungsvermögen verlangt! Nicht wenig Schwierigkeiten erwarten Sie auch dann, wenn Sie sich entschlossen haben, einen Foxterrier und eine Katze an ein Nebeneinander zu gewöhnen. Die Beziehungen können absolut idyllisch sein, aber vergessen Sie nicht, dass der Fox immer danach streben wird, die Katze zu einem richtigen Hund zu erziehen. Und wenn Ihre Katze emotional empfindlich, schüchtern und nicht imstande ist, das Geschehen mit philosophischer Ruhe hinzunehmen, könnten ernste Erschütterungen erfolgen. In solchen Fällen rettet die Tiere und ihre Besitzer oft die Fähigkeit der Katze und des Hundes, das Territorium "in vertikaler Richtung" aufzuteilen: Der Hund lebt auf dem Boden und auf niedrigen Möbeln, die Katze wählt sich Regale, Kühl- und andere Schränke aus. Gewiss ist das keine ideale Art der Gemeinschaft, aber immerhin besser als ständige Konflikte.

Arten, mit denen es der Fox unbedingt schlecht hat

5. EIN ECHTER FOXTERRIER

Bei all der Bedeutung des Rassestandards und seiner Beschreibung des rassebedingten Charakters des Hundes fehlen darin viele Besonderheiten, die das Leben und den Umgang mit einem Foxterrier von den Beziehungen etwa mit einem Pudel unterscheiden. Damit Sie sich bei der Auswahl der Rasse nicht vergreifen oder sich möglicherweise noch einmal darüber freuen, im Foxterrier gerade das gefunden zu haben, was Sie brauchen, will ich einige vom zoopsychologischen Standpunkt aus wichtige Charakteristiken hinzufügen.
Also: Ich stelle Ihnen einen Echten Foxterrier vor!

Entwicklung des Intellekts

Die Beobachtungsgabe, das Gedächtnis, die Aufmerksamkeit für alles, was um sie herum geschieht, sind bei den Foxen ausgezeichnet entwickelt; nur wenige Rassen sind ihnen da voraus.

Allerdings ist in Betracht zu ziehen, dass die Aufmerksamkeit und Aufnahme bei den Foxen sehr selektiv sind: Sonst könnten sie sich nicht voll und ganz auf den Kampf gegen ein gefährliches Tier konzentrieren und würden sich von für die Arbeit belanglosen Einzelheiten ablenken lassen. Ebenso wie vielen Terriern fällt es den Foxen nicht gerade leicht, gleich viele Details einer Situation zu erfassen, sie sind bisweilen unfähig, Kleinigkeiten und Nuancen zu berücksichtigen,

EIN ECHTER FOXTERRIER

eignen sich dafür aber Informationen genau und fest an.

Die Foxterrier kennen keine Angst – Hunde, die Angst vor der Beute hatten und auf Wunden und Traumata empfindlich reagierten, wurden vor Jahrhunderten schon vom Schicksal aus dem Kampf um die Zukunft der Rasse ausgeschlossen. Und wenn man bedenkt, dass zur Spezialisierung der Foxterrier als Jagdhunde nicht nur Höhlentiere, sondern auch Gegner wie Bären, Elche oder Eber gehören, wird klar, wie wichtig für einen Terrier diese Verachtung von allem außer der Arbeit ist. Ein Fox, welcher einer Gefahr gewichen ist, wurde bereits nach des Menschen Willen ausgesondert.

Verhaltensbesonderheiten

Wie alle Arbeitshunde streben die Foxterrier nach einem aktiven und zielgerichteten Verhalten.

Sie gehören nicht zu jenen, die abwarten können, bis sich die Umstände bis ins Kleinste klären, sie brauchen eine aktive Tätigkeit wie die Luft. Diese Energie und Zielgewissheit sind in jeder Handlung eines echten Foxes zu sehen: Alles, was er tut, tut er mit äußerster Hingabe. Läuft ein Fox, so ist er nichts als dieser Lauf; bellt er, so hört er nichts und niemanden außer sich selbst.

Die Terrier im Allgemeinen und die Foxe im Besonderen zeichnen sich durch sehr fest angenommene Gewohnheiten und Riten aus.

EIN ECHTER FOXTERRIER

Was sich herausgebildet hat, das hat sich eben herausgebildet, die Foxe neigen nicht dazu, ihre Vorstellungen umzumodeln und zu verändern. Viele fassen diesen Zug der Terrier als in der Rasse tief verwurzelte Dickköpfigkeit auf. Aber passen Sie auf: Alle Anlässe zur Kritik reduzieren sich bei einem Terrier darauf, dass man lieber alles wie immer tut. Oder haben Sie keine Menschen getroffen, die sich unter möglichst standardmäßigen Bedingungen und in der Routine am wohlsten fühlen? Und wenn eine solche Beständigkeit der Gewohnheiten und Handlungen für den Menschen verzeihlich ist, kann das einem Hund, bei dem sie durch nützliche Arbeit untermauert ist, erst recht nicht vorgeworfen werden. Denn wenn der Fox in einer Höhle unnötigerweise immer wieder seine Verhaltenslinie ändern würde – wie könnte er dann beispielsweise dem hartnäckigen und pfiffigen Dachs beikommen? Hier gibt es keine Schwankungen und Zweifel und darf es sie auch nicht geben.

Der Foxterrier ist ein Jagdhund und schon deshalb erregbarer als etwa die Schäferhunde oder die Molos-Rassen.

Indem er hellhörig auf unbedeutende Ereignisse, Töne und Bewegungen reagiert, kann er den Umgebenden Unannehmlichkeiten bereiten, wenn man ihm nicht rechtzeitig beibringt, was konkret seine Aufmerksamkeit verdienen darf. Zieht man noch dazu die Aktivität und die Stärke dieser Reaktionen in Betracht, so können die Laufereien und das Bellen eines Foxes, der, wie man so sagt, in vollem Gange ist, eine Reizquelle bilden. Außerdem hat der Fox

EIN ECHTER FOXTERRIER

einen, an seinen bescheidenen Ausmaßen gemessen, unverhältnismäßig starken Anruck, so das dem Herrn eines unvernünftigen Foxes immer wieder unangenehme mechanische Einwirkungen drohen, wenn ein anderer Hund entgegenkommt oder beispielsweise eine Hofkatze auftaucht.

Aus der geringen Anpassungsfähigkeit im Verhalten und der angeboren hohen Selbsteinschätzung der Höhlenterrier ergibt sich, dass die Regeln, von denen er sich beim Leben mit seinem Herrn leiten lassen muss, weder kompliziert noch unbestimmt sein dürfen.

Die Foxterrier vertragen schlecht Ausnahmen aus den beständigen Regeln und je nach der Stimmung des Menschen veränderte Forderungen. Mehr noch, unsere üblichen Stimmungswandlungen und möglichen Veränderungen in der Tonart versteht dieser Hund als Veränderungen der Beziehung zu ihm im Allgemeinen und nimmt sie sich deshalb sehr zu Herzen. Der Herr eines Foxterriers muss seinem Hund immer wieder beweisen, dass im Leben alles unveränderlich und Liebe und Freundschaft am unverbrüchlichsten ist.

Es ist noch ein Glück, dass sich die Foxe ausgezeichnet dressieren und abrichten lassen, sie zeigen keinen Wunsch, dem geliebten Herrn zu widersprechen, indem sie immer wieder eigene Entscheidungen treffen, die nicht immer mit denen des Menschen übereinstimmen.

<u>Nur noch eines</u>: *Man muss recht früh damit anfangen, den Fox an die menschlichen Forderungen zu gewöhnen.*

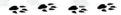

EIN ECHTER FOXTERRIER

Emotionalität

Hier muss ich noch einmal betonen, dass einem Fox Schwankungen und Unentschlossenheit nicht eigen sind, das wirkt sich auch auf die emotionalen Zustände des Hundes aus. Die Foxterrier neigen nicht zu besonders feinen und zarten Erlebnissen, was jedoch nicht heißt, dass ihre Emotionen unterdrückt und gedämpft wären. Die Gefühle eines wahren Foxterriers sind genau so bestimmt wie auch alles Übrige in seinen Zuständen und gewinnen deshalb eine kolossale Stärke, so dass sie sich zu wirklich glühenden Leidenschaften steigern können. Die Emotionen eines Foxes sind nicht ohne weiteres zu bemerken und entsprechend richtig einzuschätzen, weil sie von seinem ewigen Übermut und seiner Energie, der Zielsicherheit und der Unveränderlichkeit des Verhaltens verschleiert und einige ausdrucksvolle Elemente noch durch den Bart, die Augenbrauen und die Ohrenform "verborgen" sind.

Der Fox hat keine Zeit für längere Erlebnisse: Alles, was mit ihm geschieht, findet seinen Ausdruck sofort in einer Handlung. Daher auch der Eindruck einer unvernünftigen Aktivität, die sehr oft einfach der Entspannung dient.

Die Emotionen eines jeden lebenden Wesens spiegeln in jeder Sekunde buchstäblich alles wider, was ihm passiert. Aber die Stärke und Ausdruckskraft aller Erlebnisse hängen von sinngemäß winzigen, doch ständig wirkenden Faktoren ab, die sich im Nervensystem widerspiegeln.

EIN ECHTER FOXTERRIER

Die Belastung der Psyche eines Hundes lässt sich nicht leicht beurteilen: Mann sollte sich an jenen Umfang von Empfindungen, Eindrücken und – nach menschlichem Maß gemessen – kleinen Erlebnissen erinnern, die dem Hund jeder Spaziergang bringt.

Wenn sich also Ihr Fox auf den ersten Blick ganz gewöhnlich benimmt, aber nach einer Fahrt, am Ende des Spaziergangs, vielleicht erst nach der Rückkehr nach Hause viel zu energisch und beweglich oder aber emotional verletzbar wird, sollte man die allgemeinen psychischen Belastungen vermindern oder sogar für eine Zeitlang ein schonendes Regime einführen.

Zugleich damit sind die Beziehungen zwischen dem Foxterrier und seinem Herrn eine ihrer Bedeutung nach kolossale Quelle von Erlebnissen. Der Fox neigt nicht dazu, sich besonders zu bemitleiden, und ebendeshalb sollte der Herr das dem Hund nicht beibringen. Die Liebkosungen eines Foxes sind am besten genau zu dosieren. Dem emotionalen Regime der Foxterrierdamen sollten die Herren besondere Aufmerksamkeit schenken.

Die beste Politik bei der Behandlung eines Foxterriers sind stetig gute und tiefe Beziehungen, die sich jedoch nicht in übermäßigen Liebkosungen und dem ewigen Streben, sich in die Lage des Hundes zu versetzen, äußern.

EIN ECHTER FOXTERRIER

Soziale Beziehungen

Wie auch bei anderen aktiven Arbeitsrassen werden die idealen sozialen Beziehungen zu den Foxen auf gemeinsamer Tätigkeit und der Verantwortung eines jeden für den ihm aufgetragenen "Arbeitsabschnitt" aufgebaut. Als eine mit dem Herrn gemeinsame Arbeit kann alles Mögliche dienen: Spaziergänge, Spiele mit dem Kind und selbst die Essenszubereitung. Hierbei kann sich die Beteiligung des Hundes durchaus in der Vernichtung von essbaren Resten, bis hin zu Kartoffelabfällen. Das ist nicht so sehr Schleckerei und Verwöhnung wie vielmehr eine nützliche Arbeit des Hundes, und ich bitte Sie, dies auf ebensolche Art aufzufassen. Auf jeden Fall fassen das die Hunde selbst nicht anders auf.

Die allererste Bedingung des Lebens eines jeden Tieres in einer Meute ist wohl der Wunsch, immer und überall zusammenzubleiben. Wir aber lassen den Hund selbst dann zu Hause, wenn er genau weiß, dass er Sie in keiner Hinsicht stören würde. Wir haben unsere Erwägungen: Bald haben wir uns so angezogen, dass Hundehaare unser Aussehen beeinträchtigen können, bald sind wir zu faul, bei einem Spaziergang im Park auch noch auf den Hund Acht zu geben, bald wieder sind uns die hellen Handschuhe zu schade, an denen die Leine Flecke hinterlassen könnte. Aber der Hund weiß ja nichts davon! Ein Sonntag ist auch für ihn ein Tag der Erholung und des Zusammenseins mit den geliebten Menschen. Nehmen Sie den Fox möglichst oft mit, wohin es nur gehen kann! Bringen Sie es Ihren Freunden bei, dass Sie sie zusammen mit ihrem Liebling besuchen: Ist der Hund richtig erzogen, kann er Ihnen oder den Hausherren in keiner Weise Unannehmlichkeiten bereiten.

EIN ECHTER FOXTERRIER

Und geben Sie dem Hund unbedingt zu verstehen, wohin und wann Sie ihn mitnehmen und wann er zu Hause bleiben muss. Gott sei Dank verstehen sie das nicht nur anhand der Tageszeit, sondern sogar anhand unserer Kleidung.

Kraft der Beständigkeit in seinem Verhalten kann sich ein Fox bisweilen nicht gleich über die Feinheiten der menschlichen Mimik, Gestik, der Vielfalt der Stimmlage klar werden.

Dabei ist eine gemeinsame Sprache für einen angenehmen und vollwertigen Umgang unglaublich wichtig. Deshalb würde ich Ihnen raten, den Abschnitt *"Sprachführer Menschlich-Hündisch"* aufmerksam zu lesen. Je besser Sie sich die Besonderheiten nicht einmal des allgemeinen "Hündisch", sondern des "Dialektes" der Foxrasse vorstellen, desto einfacher können Sie einen Welpen und einen jungen Hund erziehen.

Und vergessen Sie bitte nicht, wie wichtig für jede Gesellschaft eine gemeinsame Sprache ist, und zwar nicht nur die allgemein verständliche Standardsprache, sondern auch die eigenen Codewörtchen, die einem Uneingeweihten nichts sagen. *Versuchen Sie es, sich im Umgang mit dem Fox nicht einfach den von mir zusammengestellten "Sprachführer" anzueignen, sondern auch eine Art gemeinsamen Jargon auszuarbeiten. Das aber wird durch die Aufmerksamkeit für den Hund und alles, womit er sich an Sie wenden kann, erreicht.*

EIN ECHTER FOXTERRIER

Es liegt im Interesse jedes Hundes, sich die Rolle eines jeden Mitglieds der Familie (Meute) in seinem Leben richtig vorzustellen: wer wofür verantwortlich ist und an wen er sich mit welchen Fragen wenden kann. Für den Fox wird das zu einer äußerst wichtigen Bedingung des eigenen Wohlergehens. Je konsequenter und beständiger Sie Ihrem Fox die Rollenverteilung in Ihrer Familie und Ihre Verhaltensregeln demonstrieren, desto leichter fällt es ihm, die menschlichen Lebensnormen mit seinen eigenen, durch und durch hündischen Gesetzen, die in einer Meute gelten, zu vereinbaren.

Denken Sie daran, dass ein Foxterrier im eigenen Herrn ein vorbehaltloses Eichmaß für die ganze übrige Menschheit sieht.

Er kann Ihren Freunden große Sympathie entgegenbringen, doch einige der Besucher auch ablehnen. Bestimmt wird das durch die Ähnlichkeit dieses konkreten Menschen mit Ihnen: Von Bedeutung können hier der Klang der Stimme, die Art sich zu bewegen und zu sprechen sein, doch am meisten werden die Sympathien und Antipathien des Foxterriers durch die Einhaltung der in Ihrem Haus üblichen Verhaltensnormen und -regeln beeinflusst. Zeigen und erklären Sie Ihrem Fox ruhig, was Sie selbst im Umgang mit einem Freund oder einem Besucher wünschen. In der ersten

EIN ECHTER FOXTERRIER

Zeit der Bekanntschaft sind Sie einfach verpflichtet, dem Hund jedesmal zu sagen, ob es nötig ist, sich für den Gast aktiv zu interessieren, sich an ihn anzuschmiegen, wenn er auf einem Sofa sitzt, sich ihm auf die Knie zu legen, oder ob es doch besser ist, diesen Menschen ruhig von der Seite zu beobachten. Andererseits seien Sie darauf gefasst, dass Sie den Hund zur Räson bringen müssen, wenn er versucht, zum Beispiel einem Klempner zu erklären, dass es in diesem Haus nicht üblich ist, sich neben dem tröpfelnden Heizkörper niederzukauern, oder wenn er einem Arzt zu verstehen gibt, er sollte den Herrn lieber nicht berühren.

Ein so sehr auf den Menschen orientierter Hund wie der Foxterrier kann und will sich die Regeln eines gutes Zusammenlebens mit den Besitzern fest aneignen. Dafür aber muss er genau wissen, wofür er selbst im Leben des Herrn verantwortlich ist. Mit den Kindern spielen, die Mutter heiter stimmen, mit dem Vater energisch die Wohnungstür bei einem unerwünschten Besuch schützen. Hierdurch erkennt der Hund, eben durch jenen Kreis der Situationen, in denen wir mit ihm zusammen sein möchten und hierbei mit seinem Verhalten zufrieden sind, was er seinem Herrn bedeutet.

Nicht minder wichtig ist es für den Hund zu wissen, dass Sie Ihrerseits bereit sind, mit Leib und Seele für seine Interessen und in erster Linie für seine Sicherheit einzustehen.

Eben diesem Zweck dienen alle Kommandos und Anweisungen eines Echten Herrn!

EIN ECHTER FOXTERRIER

Besonderheiten des Unterhalts

Ein Foxterrier darf in keinem Fall überfüttert werden!
Diese Hunde neigen nicht selten zu Übergewicht, und ein dicker Hund ist immer ein ungesunder Hund. Auf den energischen und aktiven Fox trifft das noch viel mehr zu, als auf viele andere Rassen. Werfen Sie bitte einen Blick in die Anhänge. Dort finden Sie Angaben zur Futterration für einen erwachsenen Foxterrier. Die ist für ein Durchschnittsgewicht berechnet, das einer großen Hündin oder einem mittelgroßen Rüden entspricht.

Der gute körperliche Zustand eines Foxes hängt nicht so sehr vom Umfang der Bewegung, der Laufereien und des Spiels mit allerlei Bällen und Stöcken (sie sind doch keine Apportierhunde!) wie vielmehr vom Gehen und von den intellektuellen Belastungen ab.

Ein Foxterrier benötigt beim Spazierenführen keinen übermäßigen Umgang mit anderen Hunden; die Verfolgungs- und Kampfimitationen, die andere Hunde erfreuen, bereiten ihm wenig Vergnügen – es sei denn, er hat keine andere Beschäftigung.

Ein wahrer Fox schätzt es weit mehr, neben dem Herrn durch die Straße zu gehen und scharf nach den Seiten zu sehen als ungehemmt und unbeobachtet zu rasen und zu toben.
Zugleich damit vertragen sie sich ausgezeichnet mit anderen Hundearten, ausgenommen vielleicht einige Rassen, die ihnen äußerlich absolut nicht ähnlich sind.

EIN ECHTER FOXTERRIER

Zu den "grundsätzlichen Feinden" wären die Rotweiler, die Dobermänner, die Windhunde und beinahe alle Molos-Hunde zu zählen: Die Beziehungen zu den Vertretern dieser Rassen können so sehr gespannt sein, dass es sich nicht lohnt, eine Freundschaft zwischen ihnen aufkommen zu lassen. Der Fox kann die Pekinesen, Spaniele und Levretten wenig mögen. Er bemüht sich, diese Hunde im eigenen Geiste zu erziehen – das heißt so, wie ihn sein Herr erzogen hat, zumal er alle Ansichten Seines Menschen für ein geheiligtes Nachahmungsmuster hält.

Ein Fox braucht keinen speziell eingerichteten Ort im Hause. Kaufen Sie ihm keine Hütten und weiche Unterlagen, er begnügt sich gern mit einem alten ausgedienten Sessel. Es ist sogar besser, dass das Möbelstück alt und unbequem ist! Dann unterliegen Sie nämlich nicht der Versuchung, ihn Besuchern anzubieten – das mögen die Foxe nun absolut nicht. Offen gesagt, sehe ich nichts Schlimmes auch darin, dass der Fox neben seinem Herrn oder seiner Herrin schläft, denn das gemeinsame Lager festigt die wirklich engen Beziehungen besser als sonst etwas.

Suchen Sie nach Anlässen, auf Ihren Hund stolz zu sein und sich über seine Anwesenheit zu freuen – das ist unwahrscheinlich wichtig!

6. WIE EIN FOXTERRIER EIN ECHTER FOXTERRIER WIRD

Sie haben also bereits einen verantwortlichen Beschluss gefasst: Sie nehmen sich einen Foxwelpen!

Ich gratuliere Ihnen von ganzem Herzen. Es bleibt nur übrig, unter allen Foxwelpen einen auszuwählen, der lange Jahre hindurch Ihre Freude sein wird.

Wenn Sie einen echten Rassehund wollen, rate ich Ihnen vom Markt ab: Dort könnte man Ihnen einen x-beliebigen mittelgroßen schwarzweißen "mollig-wolligen" Welpen als Fox aufschwatzen. Wenn es trotzdem der Markt ist, beachten Sie bei der Besichtigung des Welpen die rostroten Flecken an den Wangen des kleinen Tieres, die jeder echte dreifarbige Fox haben muss (zweifarbige gibt es gegenwärtig überhaupt nicht). Bei der Geburt haben die Foxterrierwelpen nur schwarze Platten, während die rötlichen erst später erscheinen. Nur an den Rändern jener Platten, die an den Wangen zu sehen sind, gibt es einen schmalen rötlichen Streifen als Unterpfand der künftigen Dreifarbigkeit. Hat der Welpe kein "Rouge" an den Wangen, so wird Ihnen überhaupt kein Fox angeboten.

Es ist doch besser, sich an einen Klub zu wenden, in dem sich die Menschen seit langem mit der Rasse beschäftigen. Oder an eine Tierzuchtfarm, etwa unsere Petersburger "Montmorancy", die in der ganzen Welt einen ausgezeichneten Ruf hat und sogar auf einer Weltausstellung beim Wettbewerb der Zuchtfarmen gesiegt hat. Doch darf man nicht glauben, dass ein Hund mit einem guten Stammbuch und folglich hervorragenden Ahnen unbedingt sündhaft teuer sein muss und Sie dann Ihr Leben lang verpflichtet sind, nur an

WIE EIN FOXTERRIER...

Ausstellungen und Titel zu denken. Erstens gibt es zahlreiche gute und sehr gute Zuchtmeister, die nicht unbedingt darauf aus sind, den Käufer bis aufs Hemd auszuplündern. Zweitens gibt es in jedem Wurf, ebenso wie in jeder Menschenfamilie, Kinder, die von ihren Ahnen unterschiedliche Eigenschaften geerbt haben. Und die launische Ausstellungsmode könnte selbst einen rassemäßig tadellosen Welpen nicht schön genug finden. Dann könnte sein Preis durchaus annehmbar sein, und dabei wird er selbst erfolgreich zu einem Echten Foxterrier heranwachsen, zu dem Hund, den Sie sich seit langem gewünscht haben und den man ohne Komplexe jeder anständigen Hundegesellschaft vorstellen kann.

Einen guten Welpen findet man auch in Zeitungsannoncen. Aber ich bitte Sie, lassen Sie sich nicht von den Versprechungen in Versuchung führen, Ihnen den Welpen direkt in die Wohnung zu bringen, damit Sie "weniger Scherereien" haben. Abzulehnen sind auch die inzwischen verbreiteten Praktiken, da die Besitzer des Vaters einen noch gestillten Welpen übernehmen – denn dieser Übergang bedeutet einen schon zustande gekommenen, dazu noch absolut überflüssigen Stress! Wenn die Besitzer von Vater und Mutter nicht dafür gesorgt haben, dem Welpen die unnötigen Aufregungen zu ersparen, oder ihre Bedeutung unterschätzen, sind sie folglich auch in allem Übrigen entweder ungenügend sorgsam oder stellen sich die psychologischen Aspekte der Entwicklung des Hundes schlecht vor.

Sehr wichtig ist es, seinen Zuchtmeister persönlich zu besuchen, um genau zu wissen, unter welchen Bedingungen Ihr kleiner Freund gelebt hat und erzogen worden ist. Prüfen Sie sämtliche Papiere, die ein Welpe haben muss, überzeugen Sie sich davon, dass er gesund ist, und fragen sie nach der Tagesordnung und den Futterregeln.

WIE EIN FOXTERRIER ...

Selbst wenn Sie über das Großziehen eines Welpen andere Ansichten haben, ist es doch besser, in den ersten paar Wochen seines Aufenthaltes in Ihrem Hause an der für ihn gewohnten Lebensordnung nichts zu verändern.

Achten Sie auf folgende wichtige Anzeichen einer guten Entwicklung des Welpen:

• Der Welpe weiß, dass er zum Füttern durch ein bestimmtes Signal (Händeklatschen, Pfiff, Klopfen des Napfes, Glockenzeichen usw.) aufgefordert wird: Das ist der allererste bedingte Reflex, der eine gute Gelehrigkeit im Weiteren verspricht;

• der Welpe reagiert ruhig, höchstens neugierig auf ein unerwartetes äußeres Ereignis (Umfallen eines Gegenstandes, unbekannter Laut usw.);

• der Welpe ist offen sichtlich mit der Wohnungseinrichtung, den Gegenständen zu seiner Behandlung sowie mit der Haushaltstechnik bekannt (ist gleichgültig gegenüber einem Staubsauger, einer Kaffeemühle usw.);

• auch ist er mit den üblichen häuslichen Ereignissen (Besuche, Saubermachen in der Wohnung, Wäschewaschen usw) bekannt und benimmt sich bei all diesen Vorkommnissen ruhig;

• zeigt bei der Besichtigung, den hygienischen Prozeduren, der Fellpflege, darunter Kämmen und Trimmen, keine besondere Aufregung.

Nicht schlecht wäre es für den Welpen, gewisse zusätzliche Lebenskenntnisse zu besitzen, darunter:

• die anfängliche Bekanntschaft mit den Kommandos "Aus" ("Nein") und "Komm";

WIE EIN FOXTERRIER ...

- die Fähigkeit, der menschlichen Rede zuzuhören und Interesse dafür zu zeigen (aufmerksamer Blick ins Gesicht des Menschen, "Umlegen" des Kopfes, Reaktion auf Tonveränderung usw.);
- vergnügtes Spielen mit dem Menschen;
- Erlernen von Spielen mit Gegenständen.

Ist Ihr Welpe auf das vorbereitet, was ich aufgezählt habe, so heißt das, dass der Zuchtmeister gut für die normalen Bedingungen der Entwicklung des Jungtiers gesorgt hat und dieses keine Entwicklungslücken haben wird, die das erwachsene Leben stark erschweren können. Um so leichter wird ihm der Wechsel der Lebensumstände fallen: keine Sehnsucht nach der "ersten Familie", müheloses Akzeptieren all des Ungewohnten.

Gemäß den heute geltenden Regeln bekommt ein Welpe mit anderthalb Monaten seine Papiere. Je näher an dieses Alter Sie den Welpen zu sich nehmen, desto besser ist es für ihn und für Sie. All die Erwägungen von der Art: "Er soll doch die Muttermilch länger haben" sind sinnlos. Nach Meinung von guten Veterinären ist es für die Hündin sowieso besser, die Welpen nicht länger als einen Monat zu stillen. Wenn Sie aber den zweiten Monat im Leben des Welpen versäumen, haben Sie zahlreiche unnötige Scherereien mit der weiteren Entwicklung und der Herstellung seiner richtigen Einstellung zu Ihnen.

Ich habe oft davon geschrieben und gesprochen, warum es einerseits notwendig und andererseits ungefährlich ist, mit dem Welpen gerade in dessen zweitem Lebensmonat spazierenzugehen, wenn bei ihm noch die von seiner Mutter „auf den Weg gegebene" Immunität wirkt. Ohne mich wiederholen zu wollen, füge ich dem nur hinzu, dass dies für den Fox überaus wichtig ist. Der Grund ist gerade

WIE EIN FOXTERRIER ...

jene Unbiegsamkeit und Unveränderlichkeit des Verhaltens, die eine der bedeutendsten psychologischen Besonderheiten dieser Rasse bildet.

Der zweite Monat ist die Zeit der aktivsten Adaption an die äußere Umgebung und die Intensität des Straßenlebens.

Versäumen Sie die Zeit, so versäumen Sie auch die Möglichkeit, das Verhalten Ihres Foxes mannigfaltiger, den realen Umständen mehr angepasst und folglich auch vernünftiger zu machen.

Vergessen Sie ferner nicht, dass in diesem Alter bei der Erziehung eines Show-Hundes die Vorbereitung auf die Ausstellung beginnt (richtige Haltung, Vorzeigen der Zähne, Bewegungsart).

Nach den zwei ersten Monaten setzt im Leben jedes Hundes eine weitere wichtige Periode ein: die Zeit der Spiele, die für den Hund das Gleiche sind wie die Schule für unsere eigenen Kinder.

Bei den Spielen werden sowohl das von den Ahnen an die Rasse vererbte Handwerk als auch die wichtigsten Fertigkeiten ausgearbeitet, die dieser konkrete Hund zur Adaption an das Leben braucht. Solche standardmäßigen, wenig veränderlichen und sehr effektiven Verhaltensprogramme für den Foxterrier werden zur Grundlage seiner weiteren Existenz. Ebendeshalb ist diese Periode gerade für diese Rasse so bedeutend.

Die Spiele sowohl der Menschen als auch der Hunde

WIE EIN FOXTERRIER ...

sind unterschiedlich: Die Einen bestehen in einer vielfachen Wiederholung ein und derselben Handlungen, andere lassen die Taktik verändern und analysieren, welche Handlungen einen wirklichen Erfolg bringen können. Durch Variieren und Kombinieren der unterschiedlichen Spiele je nach ihren Zielen und Mitteln können wir die Entwicklung des Intellektes des Welpen in die uns erwünschte Richtung lenken. Wählen Sie bitte die Ihnen passenden Varianten in Anhang 4. In derselben Zeit werden für das ganze Leben auf das Natürlichste die Verhaltensprogramme gelernt und eingeprägt, die in jenem Teil des Weltalls am notwendigsten sind, wohin das allmächtige Schicksal Ihren Welpen geführt hat.

Das ist die beste Zeit für Ihren Welpen, da nichts ihn daran hindert, die ersten Kommandos und Fertigkeiten zu trainieren, die Sie für viele Jahre benötigen werden, um Ihre Eigenschaft als Herr des Hundes wahrzunehmen. In erster Linie sind das die fünf wichtigsten Kommandos, mit deren Hilfe man immer, in jeder Situation mit dem Hund fertig werden und sein Verhalten für die Umgebung und ihn selbst ungefährlich machen kann: "Sitz" "Komm", "Fuß", "Aus" ("Nein") und "Lauf". Eine kurze Beschreibung dieser Kommandos und ihrer richtigen Anwendung finden Sie im Kapitel „Dressur für den Fox". Eine ausführlichere Beschreibung können Sie in meinen anderen Büchern finden.

Hat sich Ihr Jungtier richtig entwickelt, so droht ihm im klassischen "Alter der Ängste" (3 – 4 Monate) nichts Besonderes: Die Foxe sind schon ihrer Herkunft nach nicht zu grundlosen Ängsten veranlagt.

WIE EIN FOXTERRIER ...

Bei Foxwelpen dagegen, die in ihrer frühesten Kindheit nicht gehörig angelernt wurden, können die emotionalen Erschütterungen des "Alters der Ängste" ihren Ausdruck nicht in Feigheit, sondern in einer unvernünftigen Aktivität finden, zu der sie die schon erwähnte rassebedingte Beharrlichkeit drängt. Dann werden Sie, wie ich befürchte, keine Möglichkeit haben, diese unbesonnene Aktivität zu dämpfen, zumal die meisten Foxbesitzer sie für nette Streiche, eine Art goldene Spritzer der Kindheit halten.

Aber die goldene Kindheit des Hundes ist nicht so lang wie beim Menschen. Nach einer relativ ruhigen Periode, die in den fünften oder sechsten Lebensmonat fällt, beginnen die "Knabenjahre". Eine Zeit von Versuchen und Irrtümern, eine Zeit, da das Tier, dessen Körper beinahe schon die Erwachsenengröße erreicht hat, sich in seinem Sinn erst darauf vorbereitet, erwachsen und vernünftig zu werden.

Den siebenten Lebensmonat hat das Schicksal des Hundes selbst dafür bestimmt, die Verhaltensregeln, die Gesetzmäßigkeiten der Auswahl von Varianten und Programmen je nach den realen Umständen auszuarbeiten.

Hierbei muss dem Fox geholfen werden, denn allein ist er all den Komplikationen des Lebens nicht gewachsen. Sehr wichtig ist, dass Ihre gegenseitigen Beziehungen um diese Zeit vertrauensvoll und für den kleinen Hund verständlich sind, damit er sich in allem auf Sie verlassen kann.

Dann wird auch die Etappe des Erwachsenwerdens, der endgültigen Herausbildung der Beziehungen, also die Zeit vom Ende des ersten Lebensjahres des Hundes an, ruhiger verlaufen, als es hätte sein können. Bestimmt haben Sie nicht vergessen, dass für die Terrier beständige Beziehungen zum

WIE EIN FOXTERRIER ...

Herrn besonders wichtig sind, und zwar Beziehungen, in deren Rahmen die Grundregeln der Hundemeute eingehalten werden. Sie sind nicht gar so schwierig und dürften Ihnen aus der Beschreibung der sozialen Beziehungen des Hundes schon bekannt sein.

Eine umfassendere Vorstellung von den wichtigsten Etappen der Entwicklung des noch jungen Hundes sowie des Erwachsenwerdens erhalten sie aus Anhang 5.

```
Beruflich wie menschlich tut es mir furchtbar
Leid, dass es nicht allen Foxen gelingt,
        Echte Foxe zu werden.
```

Unsere Praxis stellt uns immer wieder vor Probleme, die für diese Rasse am typischsten sind. So sehr man auch möchte, dass es dazu keinen Anlass gäbe, so muss man dennoch wenigstens die wichtigsten Probleme aufzählen, auf die Sie bei Ihrem Leben mit dem Fox gefasst sein sollten. *Die Lösung der Probleme besteht meist in ihrem Enträtseln.*

> Der Hund tut nie etwas "einfach so" – selbst sein schlechtestes Verhalten bedeutet immer, dass er nach der Befriedigung eines Bedürfnisses strebt.

Folglich können wir, indem wir dem Hund zur Erfüllung seiner heißen Wünsche verhelfen, jede Notwendigkeit eines schlechten Verhaltens beseitigen.

Es kommt allerdings vor, dass sich ein Problem aus den Stressen und Erlebnissen des Hundes selbst ergibt und noch dazu mit der Zeit auf das Nervensystem eine längere Wirkung ausübt, die durch eine einfache Veränderung der Lebensumstände nicht aus der Welt geschaffen wird. Doch sind solche Fälle, wie Sie sicherlich verstehen, immer

WIE EIN FOXTERRIER ...

sehr individuell, deshalb kann ich hier keinerlei unverselle Methoden zu ihrer Überwindung anführen. Rufen Sie bitte mich oder einen meiner Schüler und Gehilfen an. Ich kann Ihnen beinahe sicher versprechen, dass wir gemeinsam eine Lösung finden.

Erhöhte Erregbarkeit

Ja, das stimmt, die Erregbarkeit der Jagdhunde ist ihnen angeboren. Sie müssen ja bei der Arbeit genau auf die leisesten Geräusche, die geringsten Bewegungen der Beute, die feinsten Gerüche reagieren.dennoch hat ein Foxterrier, ein starker Kampfhund, zumindest in den meisten ihm gewohnten Situationen eine unerschütterliche Seelenruhe zu bewahren.

```
Deshalb  würde  ich  dazu  raten,  zu
beachten, unter welchen Umständen Ihr
Fox  den  Kopf  verliert  und  sich  erregt
                    aufführt.
```

Sehr oft stellt sich heraus, dass die cholerischen Reaktionen dadurch bedingt sind, dass er das Geschehen nicht versteht und nervlich überlastet ist.
   Dann muss man den Hund nicht einfach beruhigen, sondern ihm auch zu erklären versuchen, wie er sich in solchen Fällen zu verhalten hat, um keinen Unannehmlichkeiten ausgesetzt zu werden.

   Wenn Sie aber meinen, das Nervensystem des Hundes sei auch wirklich in erhöhtem Grade erregbar, könnten Sie eventuell die Maßnahmen anwenden, die in Anhang 7 aufgezählt sind.

WIE EIN FOXTERRIER ...

Müllgrubenwühlerei und Futterdieberei

Am seltensten erklärt sich diese Besonderheit aus einer unzureichenden Futterration des Hundes.

Bei den Jagdhunden ist der Wunsch, sich Nahrung auf allen denkbaren und undenkbaren Wegen zu verschaffen, nichts Anderes als ihre ins Absolute gesteigerte spezielle Eigenschaft als Jäger.

Und da es nun einmal so ist, dass es in der Natur kein anderes ebenso hinreißendes Verhalten wie Futterbeschaffen gibt, also nichts wie rein in die Jagd! Es macht nichts, dass die Nahrung nicht im Kampf gegen ein gefährliches Tier erbeutet wird. Man kann sie einer Müllgrube, einem Gebüsch, dem Esstisch des Herrn "entreißen", Hauptsache, die Sache ist interessant! Es handelt sich um eine Art Spiel. Wie jedes Spiel ist es dazu bestimmt, den Mangel an Aktivität auszugleichen.

Doch habe ich auch anderes erlebt: Der Fox sammelt nicht die verwesten Überreste, er ahmt die unangenehme Handlung nur nach. Dies zu dem einzigen Zweck, die geliebten Besitzer, die sich bei einem Spaziergang zu sehr in ihre Angelegenheiten oder Gedanken vertiefen, auf sich aufmerksam zu machen. Der Hund hat sich schon mehr als nur einmal davon überzeugt, dass die Menschen eine so empörende Disziplinlosigkeit nicht übersehen können. Und so stürzen die Besitzer zum Tier – um voller Verwunderung festzustellen, dass es sich höchstens in einem von zehn Fällen um etwas bedingt Essbares handelte.

Also denken Sie darüber nach, was Sie bei einem Spaziergang mit dem Fox alles unternehmen können, damit jeder Spaziergang Ihr gemeinsames Leben mit dem Hund um einen vollwertigen Umgang und gemeinsame Eindrücke bereichert.

WIE EIN FOXTERRIER ...

Ein guter Spaziergang voller Eindrücke und Aktivitäten ist ein Unterpfand der Ruhe des Hundes auch zu Hause.

Wozu Futter rauben, wenn er weiß, dass der Spaziergang unbedingt kommt und ihm gemeinsam mit dem Herrn wirklich interessante Erlebnisse sichert. Ich würde Ihnen doch raten, die Übungen aus Anhang 6 und Ihre beliebigen eigenen Einfälle und Kombinationen einfacher Habndlungen anzuwenden. Auch gewisse schlauere Übungen aus denen in Anhang 8 würden nicht schaden.

Beschädigung kleiner Dinge

Die Lösung dieses Problems kann der vorherigen Lösung gleichen. Wenn der Fox in Ihrer Abwesenheit an den Kugelschreibern nagt oder Zeitschriften "liest", überlegen Sie, ob die Aktivität, die Sie ihm anbieten, für ihn ausreichend ist. *Eine erprobte Methode ist hierbei ein ausgiebiger morgendlicher Spaziergang, der hauptsächlich durch Straßen führt.*

Neigung zum Weglaufen beim Spaziergang

Hier muss ich Ihnen ein paar unangenehme Worte sagen. Denken Sie ja nicht, dass die Foxe einfach eine Unterhaltung woanders suchen, dazu ist ihnen die Gesellschaft ihres kostbaren Herrn viel zu teuer. Warum also passiert Ihnen etwas Anderes?

Was können Ihrem Tier befreundete Hunde anbieten? Eine Unterhaltung? Ja. Schutz? Ja. Die Möglichkeit, etwas Neues zu lernen? Ja, unbedingt.

WIE EIN FOXTERRIER ...

Aber wie man es auch nimmt, sie bleiben Mitglieder nur einer zeitweiligen Meute, nicht mit ihnen hat der Fox sein Leben aufzubauen.

Nutzen sie beliebige für Ihren Hund geeignete Übungen aus den Anhängen 6 und 8.

Verzärtelung, Launen

Wie Sie bereits wissen, neigt ein Kampffox nicht zu einem übermäßig ausgeprägten Innenleben, auch sind Jagdhunde beim Fressen überhaupt nicht wählerisch. Wenn Ihr Hund plötzlich launisch, "weinerlich" ist und auf jeden Diskomfort empfindlich reagiert, suchen Sie den Grund darin, wie Sie ihn behandeln. Vielleicht versuchen Sie viel zu oft auch die geringsten Wünsche und Launen Ihres Hundes zu erraten und ihm unverzüglich alles zu erfüllen? *Ich bitte Sie sehr, Ihre Ansichten über die Rolle des Menschen im Leben des Hundes zu überprüfen, sonst droht das mit wirklich ernsten Unannehmlichkeiten – allerdings nicht für Sie, sondern für Ihren Liebling.* Nicht wahr, sie wollen doch sein Leben nicht durch schwer heilbare Neurosen verdüstern?

Wenn Ihr Hund immer noch mit solchen Problemen zu tun hat, lesen Sie bitte Anhang 8:
Dort habe ich einige nützliche Methoden und Übungen angeführt, die Ihnen bei Ihren Schwierigkeiten helfen können.

Versuchen Sie also, für Ihren Hund die Quelle aller Lebensfreuden zu sein. Ich versichere Ihnen: Ihr Hund wird Ihnen das hundertfach zu danken wissen!

> *Schließlich gehen die Hunde nicht um der Medaillen wegen zu Ausstellungen!*
> *Ji-Ji-Gil-Estel*

7. EIN FOXTERRIER AUF DER AUSSTELLUNG

Es fällt, glauben Sie mir, gar nicht schwer, dem Hund zwei oder drei stereotype Fertigkeiten beizubringen, die auf einer Ausstellung nötig sind.

Schwieriger ist etwas Anderes: den Hund auf all die psychischen Belastungen vorbereiten, die ihm im Zuge einer dermaßen anstrengenden Tätigkeit bevorstehen.

Gleich die erste Frage, die sich für die meisten Ausstellungsteilnehmer lange vor der eigentlichen Veranstaltung erhebt, lautet: Wer kommt mit dem Hund in den Ring? Soll der Besitzer selbst das Risiko auf sich nehmen oder doch für diese verantwortungsvolle Angelegenheit einen Profi (Hundeführer) engagieren? Für einen Zoopsychologen gibt es da keine Zweifel: Wem der Hund am meisten vertraut, der muss ihn auch in den Ring führen!

Auf diese Weise vermindern sich sofort all die Befürchtungen und Aufregungen des Hundes selbst: Denn neben ihm wird der treueste und allwissende Freund sein. Dann macht dem Fox die Anwesenheit von zahlreichen Menschen und anderen Hunden ringsum nichts aus; unwichtig sind auch die unangenehmen Handlungen des Experten oder die eigene Müdigkeit am Ende des langen Ausstellungstages, da es noch gilt, sich in "Best-in-Show" würdig zu präsentieren.

Gewiss, ein geübter Profi hilft dem Hund wesentlich bei dessen Ausstellungserfolg, und wenn solche Aussichten bestehen, ist sein Hinzuziehen vielleicht ratsam.

EIN FOXTERRIER AUF...

Wenn Sie aber Ihrem Hund eine große und lange Laufbahn als Ausstellungshund prophezeien, ist es gar nicht schlecht, wenn ein und derselbe Profi zum ständigen guten Freund des Hundes wird, sozusagen zu einem "spezialisierten Herrn".

Der Profi ist der einzige Mensch (mit Ausnahme höchstens Ihrer nächsten Verwandten), der ohne Sie mit dem Hund zu Übungen geht oder ihn sogar spazierenführt: Im Unterschied zu anderen Hundespezialisten hat er nicht nur das Recht, sondern auch die Pflicht, zu Ihrem Hund die herzlichsten, vertrauensvollsten Beziehungen herzustellen.

Denn es steht keinem anderen als ihm bevor, mit dem Tier in einer recht nervösen Situation zusammen zu sein, den Hund zu unterstützen und zu betreuen, für seine beste psychische Form zu sorgen. (Das ist wohl die einzige Art der Arbeit mit dem Hund, bei der solche Beziehungen zu einem eigentlich fremden Menschen möglich sind).

Ich bitte Sie, wählen Sie den Profi nicht nach seinem effektvollen Aussehen oder seiner Gangart (obwohl seine Plastik zweifellos auf die Vorführung des Hundes Einfluss ausübt), nicht nach der Technik der Ausführung von Schritten und Übergängen, sondern danach, wie er und der Hund einander ansehen, wie sie sich seelisch unterhalten, mit welchen Bewegungen er den Hund in Front stellt. Verzichten Sie ohne Bedauern auf die Dienste selbst eines technisch sehr versierten Profis, doch gleichgültigen Menschen, für den der Umgang mit dem Hund nur eine Verdienstmöglichkeit ist. Es ist kaum anzunehmen, dass er daran interessiert ist, Ihren Hund auf die beste Weise vorzuführen. Auch der Hund wird unfähig sein,

EIN FOXTERRIER AUF...

sich auf ihn zu stützen und seine Weisungen "mit dem ganzen Herzen" zu befolgen. *Dabei hängt der Erfolg zu einem Großteil von seinem Eifer und Elan ab.* Sie müssen einander mögen, das kann viel wichtiger sein als reine Technik. Das ist wie beim Eiskunstlauf: Ein Sportler, der für die technische Ausführung keine idealen Noten bekommt, kann die Rivalen wesentlich in Bezug auf den künstlerischen Eindruck übertreffen.

Die Pflichten des Profis können sich auf verschiedene Etappen der Ausstellungstätigkeit ausdehnen. Zumindest reist er mit Ihnen und dem Hund zur Ausstellung und führt den Hund in den Ring. Doch muss man begreifen, dass der Hund kein Handy ist, mit dem sowohl sein Herr als auch eine x-beliebige Person jeden Augenblick gleichermaßen erfolgreich telefonieren kann.

Von selbst kommt keine gemeinsame Tätigkeit mit dem Hund zustande, sie erfordert eine vorausgehende Einstimmung von Tier und Mensch aufeinander.

Folglich beginnt auch die Arbeit des angeheuerten Profis lange vor der Ausstellung: Optimal ist vielleicht, wenn er den Hund ein paar Wochen vor der Ausstellung zu sich nimmt, das Fell in Ordnung bringt, ihn körperlich und psychologisch trainiert usw.

Doch so weit oder eng der Kreis der Pflichten des Spezialisten auch sein mag, eines steht fest: Die Hauptforderung an den Menschen, der den Hund in den Ring führt, ist der feste Glaube des Tieres an seine Unterstützung. Deshalb gelten die allgemeinen Regeln der Vorbereitung, die ich hier beschreiben will, sowohl für die selbstständige Arbeit als auch für die professionelle Ringdressur. Der Unterschied ist nur, wer die konkreten Handlungen übernimmt.

EIN FOXTERRIER AUF...

Vorbereitung vor der Ausstellung

Es stimmt, dass wahre Champions bereits ab früher Kindheit trainiert werden. Doch stimmt auch, dass viele Hundebesitzer mit der Vorbereitung auf die Ausstellung erst in dem Moment beginnen, da sie sich zur Teilnahme daran entschließen. So etwas ist zwar nicht ideal zu nennen, aber ich will dennoch davon ausgehen, `dass Sie sich für diese wichtige Etappe etwa einen Monat Zeit nehmen`.

Eine sehr wichtige Aufgabe dieses Monats ist nicht nur die Verbesserung der physischen Kondition des Hundes, sondern auch seine psychologische Vorbereitung. Kann man etwa erwarten, dass ein Mensch, der bis dahin seine Tage ruhig auf einem Schaukelstuhl oder auf einer Bank vor dem Haus verbrachte, es fertig bringt, in einem vollen Saal die Bühne zu betreten und wenn nicht gerade zu siegen, so doch ruhig an einem Schönheitswettbewerb teilzunehmen? Verlangen Sie also auch von Ihrem Hund nichts Derartiges. Ihm ist die Teilnahme an der Ausstellung keinesfalls gleichgültig. Selbst wenn er im Alltag recht kaltblütig ist, wird er auf der Ausstellung unbedingt Ihre Spannung und Aufregung mitempfinden. Ohne zu wissen, welchem Umstand ihre Gefühle zuzuschreiben sind, kann der Hund durchaus in Verwirrung geraten, und es wäre ungerecht, ihm daran die Schuld zu geben.

Bekanntlich ist das so genannte Spazierenführen die beste Methode, den Hund zu trainieren, ihm den Rücken und die Beine auszubilden, seine Bewegungen zu entwickeln (höchst wesentlich für die Richternoten!). Die Sache ist auf den ersten Blick einfach: Sie nehmen den Hund an die Leine und gehen mit ihm los, der Nase nach, heute nach links, morgen nach rechts. Hauptsache, die Richtung wird weder Ihnen noch dem Tier zu langweilig.

EIN FOXTERRIER AUF...

Je mehr Zeit Sie für das Spazierenführen erübrigen können, desto besser. Übrigens geht es nicht nur um die körperliche Übung:

Das Spanzierenführen trainiert ausgezeichnet die Beständigkeit der Psyche und ihre Bereitschaft zu Belastungen in einem Milieu von besonderem Charakter, das kompliziert und voller kleiner, doch sehr dynamischer Ereignisse ist.

Das Nützlichste an der Ausstellungstätigkeit ist zweifellos das Trainieren des Nervensystems durch große Belastungen und das Vertrauen des Hundes zum Herrn.

Die Berührungen, das Vorzeigen der Zähne, das Betasten von Fell und Körper helfen bei der Vervollkommnung der Beziehung zum Menschen. Doch wichtiger ist hierbei das, was während der Vorbereitung geschieht, da der Herr über die Handlungen von Fremden verfügt, und nicht die Arbeit im Ring, in dem der Experte dominiert. Das wird also nicht zu Hause, nicht in einem Käfig durchgearbeitet, sondern nur in einer Situation, die dringend aktive, mit dem Herrn oder dem Experten gemeinsame Entscheidungen und Handlungen erfordert – d. h. in dem realen Milieu im Freien. Wie aber, wenn die Anforderungen, die an das Verhalten des Hundes in der Ausstellung gestellt werden, nicht unbedingt mit den Normen des normalen Lebens übereinstimmen? Es ist absolut notwendig, das Eine und das Andere möglichst verständlich für den Hund auseinanderzuhalten.

Deshalb glauben Sie bitte jenen nicht, die Ihnen dazu raten, jeden Passanten den Hund berühren, die instimsten Stellen betasten und, über das Tier gebeugt, ihm in die Zähne gucken zu lassen. Sagen Sie um Gottes Willen, warum muss der Hund das von einem

EIN FOXTERRIER AUF...

völlig zufälligen Menschen auf dem Hof oder auf der Straße dulden? Viel nützlicher ist es, all solche Unannehmlichkeiten mit beliebigen Elementen der Ausstellungsumstände zu verbinden.

Für den Anfang bauen Sie bitte auf dem Hof oder ihrem Grundstück vor der Stadt etwas wie einen Ring (ein Hundeprofi kann durchaus über eine spezielle Fläche verfügen) und trainieren Sie ihren Zögling im Hinblick auf die notwendigsten Ausstellungshandlungen. Gehen Sie in der Weise, wie das fürden Ring üblich ist, stellen Sie den Hund in Front. Besser ist es, wenn Sie selbst die Zähne vorführen, noch bevor der Experte die Absicht zeigt, seine Finger in den Rachen Ihres Lieblings zu stecken.

Das Vorzeigen der Zähne müssen Sie zusätzlich lernen:

Es ist sehr wichtig, dem Hund den Rachen auf eine Weise zu öffnen, dass ihm daraus keine überflüssigen Unannehmlichkeiten erwachsen. Deshalb passen sie genau auf, dass Sie nicht die Nasenlöcher des Hundes mit der Hand verstopfen oder ihm beim Versuch, den Biss zu entblößen, die Nasenspitze abreißen. Fangen sie mit kleinen und zärtlichen Berührungen an Wangen und Lippen des Hundes an – und das sollte allmählich schon im Welpenalter zum Bestandteil jedes Spiels werden. Später, sobald der Hund verstanden hat, dass Ihre Berührungen ihm keine besonderen Unannehmlichkeiten bereiten, wird man

EIN FOXTERRIER AUF···

imstande sein, die Lefzen ein wenig zu heben, den Rachen leicht zu öffnen und hinein zu sehen.

In der zweiten Etappe ist es sehr nützlich, mit dem Hund zu einem Bahnhof zu fahren. Das wäre eine ausgezeichnete Imitation der Reise und der angespannten Bedingungen der Ausstellung selbst. In der Halle oder dem Wartesaal, wo es meist – wie in großen Ausstellungsräumen – viel Licht und Lärm gibt sowie Menschen sitzen und hin und her gehen, werden die Sinnesorgane des Hundes den gleichen Belastungen ausgesetzt, und das Tier wird sich darin üben, was der Aufmerksamkeit wert ist und was ohne weiteres übersehen und überhört werden kann. Dort können Sie die obligatorischen Elemente der Ringdressur wiederholen. Wählen Sie irgendeine Erhöhung oder eine Brüstung, die dem Demonstrationstisch auf der Ausstellung ähnlich ist, und stellen Sie den Fox gerade auf der Erhöhung in Front. Erst dann bitten Sie Fremde – nicht jeden x-beliebigen, sondern nach strenger Auswahl! –, sich über das Tier zu beugen und all das zu tun, was ihm unangenehm ist. Auch die zusätzlichen Spezialelemente werden Ihnen helfen: die Haltung des Hundes, sein Halsband und die Leine, ja im Grunde alles Mögliche, bis hin zur speziellen Kleidung des Herrn und besonderen Kommandowörtern wie etwa: "Schön", "Ring", "Show" u.ä.

Im Verlaufe der Ausstellung steht Ihrem Fox noch eine "Unannehmlichkeit" bevor: *die Präsentation auf dem Tisch.* Es ist gut, wenn der Hund schon gelernt hat, nicht nur ruhig zu stehen, sondern auch beim Trimmen fremde Berührungen zu ertragen. Doch in vielen Fällen kann sich schon allein der Aufenthalt auf dem Tisch zu einem **Problem auswachsen.** Es ist doch kaum anzunehmen, dass Sie zu Hause Versuche des Hundes billigen, auf den Tisch zu steigen. Woher soll der

EIN FOXTERRIER AUF...

Arme denn wissen, dass dies auf der Ausstellung nicht nur erlaubt, sondern sogar notwendig ist? Gut auf die Hausordnung trainiert, wird er alles tun, um vom Tisch wegzulaufen, und sobald sich der Richter annähert, wird der Fox nur noch nervöser werden. Wie, wenn der Fremde noch weniger duldet, dass der Hund sich auf **seinem** Tisch befindet?

Um diesen Komplikationen vorzubeugen, bringen Sie es dem Hund bei, auf dem Tisch – natürlich nicht auf dem Esstisch, sondern beispielsweise auf dem Schreib- oder Zeitschriftentisch – zu stehen. Noch besser ist es, einen speziellen Tisch zu haben, den man zur Ausstellung mitnehmen kann.

Denken Sie daran, dass jeder gewohnte und wohlbekannte Gegenstand dem Hund unter den schwierigen Umständen eine weitere psychologische Stütze ist.

Es bringt nichts, dem Hund Leckerbissen zuzustecken, lieber streicheln Sie ihn, klopfen Sie ihm leicht und freundlich auf die Schultern – und dazwischen ahmen Sie die Berührungen des Experten, selbst an den unangenehmen Stellen, nach.

Ein äußerst wichtiges Moment der Vorbereitung zur Ausstellung ist auch Ihre eigene Ruhe, deshalb nützt das beliebige Einüben der nötigen Handlungen, besonders an einem ungewohnten Ort, in Anwesenheit von zahlreichen Fremden, nicht nur dem Hund, sondern auch Ihnen. Je sicherer Sie sich verhalten, desto leichter wird es Ihr künftiger Champion bei der Ausstellung haben.

EIN FOXTERRIER AUF...

Reisevorbereitungen

All die Befürchtungen und Aufregungen des Herrn sind ohne weiteres zu verstehen, doch darf man nicht vergessen, dass heute der Hund im Mittelpunkt steht, denn ihm wird die schwierigste Arbeit zufallen. Deshalb sollte man ihm helfen, maximal ruhig und gesammelt zu sein. Am besten ist es, vor ihm die eigene Nervosität nicht zu verbergen (er wird sie ja sowieso erraten!), sondern vielmehr sich wirklich zusammenzureißen. Stimmen Sie sich darauf ein, dass beliebige Ausstellungsergebnisse schließlich ja nur eben Ergebnisse einer Ausstellung und nicht das Ende der Ausstellungs- und Zuchtkarriere sind.

Denken Sie im Voraus an alles, was Sie während des langen Ausstellungstages brauchen werden. Wasser für den Hund (das Tier braucht es am nötigsten bei starken psychischen Belastungen), Trinkwasser und eventuell etwas zum Essen für sich selbst, eine Unterlage, ein Flanelltuch für die endgültige Herrichtung, eventuell Kosmetik, die Ringleine, die gewohntere "Ausstattung" für die Reise zur Ausstellung und zurück. All das ist am besten nicht im letzten Augenblick, sondern ohne Eile und Nerven vorzubereiten, denn all das überträgt sich auf den Hund. Verzichten Sie ohne Leidwesen auf alle schmucken, aber dem Hund ungewohnten Dinge wie Kettchen, ein "schickes" Halsband mit schönen Nieten usw. Am besten wäre es, auch das Parade-Halsband mit den klingenden "Orden" nicht vor dem Ende der Ausstellung anzulegen.

Vor einer so ernsten Arbeit wie der Ausstellung ist der Hund doch besser nicht mit Fressen vollzustopfen. Lassen Sie sich von der alten Regel leiten: Vor derArbeit bekommt der Hund die Hälfte seiner täglichen Fleischration, da ist er satt

EIN FOXTERRIER AUF...

und sein Magen nicht überlastet. Das gilt auch für Hunde, die Trockenfutter bekommen. Das ist ein zusätzliches Moment, das den Hund auf die ihm bevorstehende Arbeit vorbereitet.

Bevor Sie ins Auto steigen oder sich zur Bushaltestelle begeben, führen Sie den Hund wie auch sonst spazieren, ohne ihn jedoch zu ermüden. Achten Sie genau auf das Verhalten des Hundes während der Reise. Bisweilen ertragen sie die erste Phase als unangenehme "Seekrankheit", so dass die Unruhe und übermäßige Lebendigkeit des Hundes möglicherweise die ersten Anzeichen seines nicht sehr guten Wohlbefindens sind. Es gibt sogar eine spezifische Art von Überlastungen, die manchmal als Transportstress bezeichnet werden. Ich rede schon gar nicht davon, dass der Hund nicht bestraft werden darf und dass man auch selbst deswegen nicht verstimmt zu sein braucht. Das Tier fühlt sich ohnehin nicht gut, und es hat keinen Sinn, einen Teufelskreis zu schaffen, in dem die Gefühle die Reaktion auf die Transportbelastungen verstärken und der Transport den "Nährboden" für erhöhte emotionale Reaktionen bildet. Schlimmstenfalls lassen Sie sich etwas Zeit (besonders wenn der Hund das Reisen nicht gewohnt ist), um den Wagen zu stoppen oder aus dem Bus auszusteigen, damit der Hund, bevor man weiterfährt, an einem ruhigen Ort ein wenig spazieren kann.

Vor dem Ring

Hier besteht Ihre Hauptaufgabe darin, den Hund genügend zu beruhigen, er muss sich an die gespannte Atmosphäre gewöhnen, doch darf er nicht davon müde werden und dann den "Drive" verlieren. Am besten ist es, wenn Sie sich ebenfalls nicht auf starke

EIN FOXTERRIER AUF...

Erlebnisse und stürmische Leidenschaften einstimmen, sondern auf eine ernste und konzentrierte Arbeit. Das Schlimmste also, was man beim Warten auf den Ring tun kann, ist, die potentiellen Rivalen anzuvisieren und auszurechnen, wer worauf Anspruch erheben könnte. Das ist eine völlig nutzlose Beschäftigung, die Ihnen und dem Hund gleich die Nerven kaputt macht. *Der Fox ist ja ein empfindsames Tier, Ihre Verfassung könnte für ihn am wichtigsten sein.*
Je weniger Sie "die letzte Hand" anlegen müssen, um so besser. Sehr nützlich ist dagegen, im Voraus festzustellen, was den Hund daran hindern kann, sich am besten zu präsentieren. Die Ausstellungsorganisatoren haben das Werk ihrer Hände nicht unbedingt "mit den Augen eines Hundes" betrachtet, hatten andere Sorgen und haben vielleicht diese oder jene Gegenstände oder das direkte Einfallen des Lichtes in die Augen des Hundes und sonstige "Kleinigkeiten" übersehen.

Benutzen Sie einen Moment zwischen den Ringvorstellungen, um mit dem Hund an jeden für ihn neuen Gegenstand heranzugehen und ein wenig den Ring zu begehen, damit sich der Hund an die Beleuchtung und den Bodenbelag gewöhnt.

Ein "Vergnügen" für sich ist die große Menge von Menschen und Hunden. Es ist zweierlei, ob man all das nur ab und zu beim

EIN FOXTERRIER AUF...

Spaziergehen sieht und noch dazu die Möglichkeit hat, an einen sicheren Ort auszuweichen, sich zu beruhigen und sich überhaupt nicht jenen anzunähern, die der Hund nicht mag oder vor denen er Angst bekommen hat; oder ob man zwangsweise in die Nachbarschaft von Hunden und Menschen gerät, die nicht unbedingt auf Sie und Ihren Liebling einen angenehmen Eindruck machen. Also dürfen Sie nicht in den "Wandelgängen" und Vorhallen sitzen bleiben. Bei der geringsten Möglichkeit entfernen Sie sich möglichst weit von den Ringen und führen Sie den Hund herum, wobei Sie das Tempo ändern und Wendungen und Stillstehen einschließen. Am nützlichsten ist ein beschleunigter Schritt, wonach man das Tempo allmählich verlangsamt. Beachten Sie dabei den Abstand zu den anderen Hunden und sonstigen Reizfaktoren. Das ist um so wichtiger, je mehr Ihr Hund psychisch überlastet ist. Nur nicht jetzt schon Übungen mit Sprüngen und beschleunigtem Lauf machen, um die Bewegung im Ring nachher nicht aus dem Rhythmus zu bringen. Unratsam wäre es auch, vor dem Ring mit dem Hund bewegliche Spiele zu spielen oder ihn sonst wie "aufzuputschen" und so das Erregungsniveau des Zentralnervensystems zu erhöhen. Denn nach einiger Zeit wird der Hund weniger eine stürmische Aktivität, sondern vielmehr ein sicheres und gut kontrollierbares Verhalten brauchen. Einem Foxterrier, dessen naturgegebene Psyche gerade ohnehin von erhöhter Aktivität ist, fällt das nicht leicht!

Eine der einfachsten Methoden zum Kontrollieren der Erregung ist es, den Hund 20 Sekunden lang sitzen zu lassen.

EIN FOXTERRIER AUF...

Ist der Hund imstande, diese ganze Zeit (sie ist durch physiologische Prozesse bedingt) ruhig zu sitzen, so ist sein Nervensystem in Ordnung, er beherrscht sich ausgezeichnet. Für Foxterrier wie auch für andere mittelgroße Hunde sollte man einen Container (Box) haben, der während der Ausstellung als sichere und ruhige Zuflucht, als sein "zeitweiliges Lager" dient. Nur nicht vergessen: Der Container ist nicht für Ihre Bequemlichkeit, sondern für den Hund da. Deshalb muss sich der Hund darin lange vor der Ausstellung eingelebt haben, nach allen Regeln, damit Ihr Zögling inmitten der Ausstellungsstürme auch wirklich das Gefühl der vollen Ruhe bekommt. Allerdings darf der Hund keineswegs diesen ganzen langen Tag im Container sitzen. Sie hätten es vielleicht gern, andere Ringe zu sehen und bekannte Menschen und Hunde zu begrüßen, aber das Wichtigste ist, Ihrem eigenen Liebling die Möglichkeit einiger Bewegung zu gewähren. Glauben Sie mir, für ihn ist das lebensnotwendig. Im Übrigen kann eine solche emotionale Umschaltung auch Ihnen nicht schaden.

In Ring

Um zu verstehen, wie die häufigsten Bemerkungen der Experten zu vermeiden sind, lesen Sie bitte etwas aufmerksamer die beiden nachfolgenden Kapitel: "Kommentar zum Standard" und "Sprachführer menschlich-foxisch". Darin finden Sie alles, was den gekrümmten Rücken, die Stellung von Kopf, Hals und Ohren, gehemmte Bewegungen und sonstige sozusagen psychogene Mängel betrifft. Selbstverständlich ist so etwas direkt auf der Ausstellung, "als schnelle Hilfe", nicht voll zu korrigieren, die Ursachen sind bei der psychologischen Vorbereitung vor der Ausstellung zu beseitigen. *Dennoch*

EIN FOXTERRIER AUF...

werden Ihnen meine Ratschläge aus diesem Kapitel erlauben den Grad der Äußerung dieser Erscheinungen durch maximale Anwendung der augenblicklichen Möglichkeiten der Hundepsyche zu vermindern.

Wenn Sie also die psychologische Vorbereitung gut durchgeführt und es geschafft haben, dem Hund Sicherheit und sachliche Konzentration zu verleihen, werden Sie im Ring selbst keine besonderen Weisheiten brauchen. Und all die "kleinen Tricks", die die Mängel der Allüre zu überwinden, überraschende Schroffheiten seitens des Hundes zu verhindern und die Stellung zu verbessern helfen, sind erfahrenen Profis gut bekannt.

Nach dem Ring

Und wieder sage ich: Denken Sie nicht an Ihre Erlebnisse, sondern an die Verfassung Ihres Hundes. Die Belastungen sind ja noch lange nicht vorbei. Beurteilen Sie die Stimmung des Tieres anhand von kleinen, beinahe unmerklichen Details: Haltung, Augen, Ohren, Schwanz... Der normale Zustand des Hundes nach dem Ring muss ungefähr dem am Ende eines großen Straßenspaziergangs ähneln: nicht viel zu lebhaft, aber immerhin aktiv. Ich wäre gleichermaßen besorgt, wenn der Hund offensichtlich aufgeregt oder wenn er ungewohnt ruhig ist. Die Situation ist nämlich so beschaffen, dass sie vom Hund jeden Augenblick Aktivität erfordern kann, so dass die Zeit der Schläfrigkeit für ihn noch nicht gekommen ist. Und Halbschlaf kann auch eine Äußerung der Überlastung des Nervensystems sein, die vielleicht sogar mehr Besorgnis erregen muss als eine gewisse Erregung. Bei Überlastung (in jeder Äußerungsform) sind die gleichen Wiederherstellungsmethoden wie auch vor dem Ring zu empfehlen:

Ein wenig hin und her gehen, um die Spannung

EIN FOXTERRIER AUF...

allmählich, nicht ruckartig abzuschaffen, ist in jedem Fall sehr nützlich, sowohl für den Hund als auch für Sie. Es ist so, dass nach einer mehr oder weniger längeren Anspannung unter Mobilisierung aller psychischen Reserven mögliche Unannehmlichkeiten gerade im Moment der plötzlichen Entspannung und Erholung eintreten. Und je stärker die Überlastungen waren, desto ernster kann das nachfolgende Versagen sein.

Teilnahme an "Best-in-Show"

Selbst diese Etappe, die verlockendste von allen, kann dem Hund ernste Schwierigkeiten bereiten. Denn gewöhnlich vergeht zwischen dem ersten Ring und dem abendlichen Wettbewerb "Best-in-Show", dem letzten im Programm der ganzen Ausstellung, mehr als eine Stunde. Selbst ein sehr erfahrener Hund kann die Kräfte bei der Schau am Morgen verausgabt haben und, müde nach den langen Wartestunden, Fehler begehen und sich weit unter seinen Möglichkeiten präsentieren.

Am besten ist es, zu erreichen, dass der Hund den neuen Auftritt im Ring als eine völlig neue, mit der morgendlichen Arbeit praktisch nicht verbundene Begebenheit aufnimmt. Dann wird er sich wieder Mühe geben, alles, was er kann, zu zeigen, um Ihnen durch seine Bemühungen Freude zu machen. Dazu aber darf man nicht die während der ganzen Pause zwischen den Auftritten entstandene gefühlsmäßige und psychologische Spannung behalten, die sowohl Sie als auch Ihren Hund im Ring erfasst hat. Gönnen Sie sich und Ihrem Liebling die Möglichkeit einer Abspannung.

Am besten ist es, die Zeit des Wettbewerbs zu präzisieren und den Hund wenigstens für zwei oder

EIN FOXTERRIER AUF...

drei Stunden von der Ausstellung wegzufahren. Selbst wenn die Zeit für die Hin- und Rückfahrt nicht reicht, ist es absolut notwendig, sich mit dem Hund vom Ausstellungsplatz für eine Zeitlang zu entfernen.

Sehr angebracht sind in diesem Fall bewegliche Spiele, da die Bewegung die natürlichste Art der Relaxation für die Psyche des Hundes schon immer war und es bleibt.

Schön wäre es, ein Plätzchen zu finden, wo der Hund springen, klettern oder über eine Brüstung oder einen gefällten Baum wie über ein Turnpferd gehen könnte. Sie können mit dem Hund auch spielen. Nur dass all die Späße spätestens eine halbe Stunde vor dem neuen Auftritt zu Ende sein müssen. In der verbliebenen Zeit ist es am nützlichsten, wieder zu gehen und hierbei nicht nur das Tempo und die Richtung, sondern auch die Kommandos "Fuß" und "Vorwärts" zu wechseln und noch das Kommando "Stiller" hinzuzufügen. In der Pause zwischen den Routineprozeduren der Ausstellung braucht Ihr Hund eine vielfältigere intellektuelle Belastung.

Vor dem Auftritt in "Best-in-Show" nimmt die Aufregung immer mehr zu – um so mehr, je erstrebenswerter dieser Sieg für Sie ist. Aber versuchen Sie trotzdem, nicht nur sich zu beherrschen, sondern auch in Wirklichkeit ruhig und "sachlich" zu sein. Letzten Endes ist auch das nichts weiter als eine spezifische Arbeit für Sie und den Hund, wenn auch sehr verantwortungsvoll. Um so wichtiger ist die richtige Einstellung dazu: Denn Ihr eigener Zustand erlangt für den Hund eine besondere Bedeutung.

Eine Besonderheit von "Best-in-Show" ist es, dass in einem Ring Hunde verschiedener Rassen versammelt

EIN FOXTERRIER AUF...

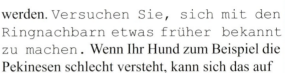

werden. Versuchen Sie, sich mit den Ringnachbarn etwas früher bekannt zu machen. Wenn Ihr Hund zum Beispiel die Pekinesen schlecht versteht, kann sich das auf seinen Auftritt im Ring auswirken. Wer weiß, in welcher Reihenfolge der Richter die Hunde aufstellt! Ich möchte Sie nur vor dem häufigsten Fehler in diesem Fall warnen. Es hat keinen Zweck, Ihrem Liebling sanft zuzureden: "Schau, was für ein hübsches Hündchen." *Denken Sie daran, dass der Hund die menschlichen tröstenden und zuredenden Töne als Zeichen der Verwirrung versteht,* und flößen Sie ihm nicht ein, dass ein Pekinese oder ein Kokkerspaniel irgendwie besondere Aufmerksamkeit verdient.

Lenken Sie den Hund auch nicht durch Leckerbissen ab, die jeder Profi auf Vorrat hat. *Denn ein jedes unerwünschtes Verhalten, ob Schüchternheit, Spiellust oder Aggression, festigt sich auf diese Weise nur und wächst zu einem spezifischen Problem aus.*

Bei Hunden, die ihrer Rasse oder ihrem individuellen Charakter nach stereotyp sind, festigt sich das schlechte Benehmen im Ring buchstäblich nach einer oder zwei Widerholungen und für das ganze weitere Leben auf Ausstellungen.

Und verlassen Sie sich nicht darauf, dass Ihr Fox in dieser Hinsicht viel besser veranlagt sei als Rotweiler, Bullterrier und andere Kampfterrier.

EIN FOXTERRIER AUF...

Nach der Ausstellung

Richtig von der Ausstellung zu gehen ist einer der wichtigen Aspekte des Ausstellungslebens.

Glauben Sie mir, ich habe mehr als nur einmal die gleichen Gefühle gehabt, die in Ihrer Seele nach dem Auftritt des Hundes toben. Ich gratuliere Ihnen von ganzem Herzen, dass Ihr Zögling einen würdigen Platz eingenommen und nicht die Anstrengungen zunichte gemacht hat, die Sie in diese wichtige Veranstaltung investiert haben. Doch wenn Sie den wohlverdienten Preis bekommen, fuchteln Sie nicht mit den Armen und schreien Sie nicht vor Freude. Der Hund wird Ihre Erlebnisse nicht unbedingt nach Gebühr einschätzen, sie werden ihm, der ohnehin müde ist, nur noch mehr Aufregung verursachen.

Wenn Sie aber schlechter als erwartet abgeschnitten haben, brauchen Sie keinen Trost: Es war nicht die letzte Chance im Leben. *Beherrschen Sie also Ihre Gefühlsausbrüche nicht nur um der augenblicklichen Stimmung des Hundes, sondern auch um seiner Zukunft bei Ausstellungen willen.* Es kommt vor, dass ein Hund, der seinen Herrn sehr mag, sich nach dem ersten Misserfolg bei einer Ausstellung ein für allemal weigert, sich zu präsentieren. Der Arme glaubt, dass diese auch für ihn schwere Prüfung für den Herrn ebenfalls zu einem unerträglichen Erlebnis wurde!

Deshalb kann man sich beinahe ohne Einschränkungen freuen (aber nur ruhig, um den Hund nicht noch zusätzlich gefühlmäßig zu belasten), betrübt sein dagegen sollte man mit Maßen.

Doch in jedem Fall muss man dem Hund helfen, die erlebte Spannung von sich abzuwerfen und sich von den Folgen der Überlastungen zu befreien.

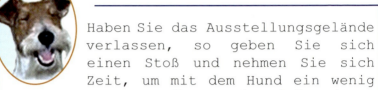

EIN FOXTERRIER AUF...

Haben Sie das Ausstellungsgelände verlassen, so geben Sie sich einen Stoß und nehmen Sie sich Zeit, um mit dem Hund ein wenig spazierenzugehen, selbst wenn Sie nach diesem langen Tag sehr müde sind. Man kann sogar unterwegs irgendwelche Kekse kaufen – die Hunde wissen zu schätzen, was ihnen im gewöhnlichen Leben nicht zusteht. Soll er das als "Lohn" für eine ernste und gut geleistete Arbeit aufnehmen!

Wieder zu Hause, erzählen Sie Ihren Nahen über alle Errungenschaften Ihres Hundes. Mag es auch nicht die beste Note gewesen sein, aber Sie zweifeln doch nicht daran, dass Ihr Zögling alles getan hat, was in seinen Kräften stand! Der Hund wird ausgezeichnet verstehen, dass diese Freude nicht nur eine Minute oder nur eine Stunde dauert, dass die Teilnahme an der Ausstellung für Sie ein richtiges Fest war. Dann wird er auch das nächste Mal gern mitmachen.

Schließlich gehen die Hunde nicht um der Medaillen wegen zu Ausstellungen!

Tatsächlich: Ein gesunder Geist in einem gesunden Körper!

8. KOMMENTAR ZUM RASSENSTANDARD

Beim Lesen von kynologischen Standards mit den Augen eines Zoopsychologen fallen einem darin unwillkürlich jene äußeren Merkmale auf, die eine gesunde Psyche und Verhaltensnorm eines Hundes am besten widerspiegeln.

Wir wollen uns daran erinnern, dass die Hunde gleich vom Beginn ihrer Existenz an der Seite des Menschen an um einer nützlichen Arbeit willen gezähmt und gezüchtet und dass die Rassenbesonderheiten durch eine maximale Eignung des Hundes zur Erfüllung der ihm vorgeschriebenen Funktionen bestimmt wurden. Es kommt nicht darauf an, worin die Arbeit eines Hundes bestand, und sei es nur darin, die Mußestunden einer sich langweilenden Aristokratin zu verschönern. Jahrhunderte-, jahrtausendelang wurden im Genotyp einer Rasse jene Kombinationen der Körperformen und der Besonderheiten von Psyche und Verhalten geschliffen und gefestigt, die nötig waren, damit der Hund seine Dienstpflichten zum Wohl des Menschen, des Herrn, optimal erfülle. Im Zuge der Selektion jeder Rasse wurden Hunde mit körperlichen und psychischen Mängeln hart ausgesondert, und so bewahrte der Rassengenotyp durch Jahrhunderte nur die in dieser und jener Beziehung besten Arbeitseigenschaften. Deshalb sind die im Standard beschriebenen anatomischen Besonderheiten einer Rasse insofern wichtig, als die beständigen dominanten Gene, die das

KOMMENTAR...

Äußere prägen, zugleich von einer beständigen, zuverlässig vererbten rassebedingten Psyche mit all ihren notwendigen Eigenschaften zeugen. Und es geht hier nicht nur um den allgemeinen harmonischen Körperbau eines Hundes.

So sind in jedem Standard besonders die Worte von den Kopf- und Körperproportionen eines Hundes zu beachten. Man sollte meinen, diese Verhältnisse haben gar keine Bedeutung für die Psyche, aber...

Zuchtmeister wissen sehr wohl, dass gerade die Formen und Proportionen des Kopfes das zuverlässigste Merkmal einer gut ausgearbeiteten Genetik darstellen. Und je älter eine Rasse, desto wichtiger ist dieses Merkmal, nicht das nützliche, sondern das rassebedingte Merkmal (so heißt das in der Zuchtwissenschaft). Ein zuverlässiger, durch Jahrzehnte und Jahrhunderte gefestigter Genotyp sorgt seinerseits auch für eine zuverlässige, beständige rassebedingte Psyche. Ebendeshalb achten sowohl die Experten als auch die Liebhaber einer Rasse sofort auf den Kopf, und das gilt nicht nur für die Foxterrier. Es gibt auch andere nicht unbedeutende Einzelheiten, doch würde ich Sie bitten, die Forderungen an das Aussehen eines Hundes selbstständig einzuschätzen.

Gemeinsam aber werden wir den Standard der Ihnen angenehmen Rasse anders lesen. Beinahe ohne uns auf die Beschreibung des Körperbaus des Hundes abzulenken, wollen wir nur auf einiges hinweisen, was nicht selten als Mangel der Vererbung und Entwicklung gilt, in Wirklichkeit aber ein Ausdruck des emotionalen und psychischen Zustandes des Hundes ist.

KOMMENTAR...

Drahthaar Foxterrier (meine Auszüge aus dem Standard der Internationalen Kynologischen Föderation, Nr. 169c).

Allgemeiner Eindruck.

Ein Hund mit einem lebhaften Temperament, raschen Bewegungen, reagiert augenblicklich auf die geringsten Stimuli; das verraten das Äußere sowie die Stellung von Ohren und Schwanz... Ein Basiskriterium für die Einschätzung eines Hundes sind auch sein Verhalten und seine Bewegungen.

Diese Zeilen des Standards brauchen keinen besonderen Kommentar. Das Einzige, was ich betonen möchte, ist die erhöhte Aufmerksamkeit des Hundes gegenüber den geringsten Stimuli, was oft als erhöhte Erregbarkeit und Nervosität ausgelegt wird, als Eigenschaften also, die den alltäglichen Umgang mit dem Hund wesentlich erschweren.

In Wirklichkeit ist das nichts Anderes als die professionelle Eigenschaft eines Jagdhundes, der gegen einen großen und gefährlichen Rivalen zu kämpfen hat und gezwungen ist, auf überraschende schlaue Tricks eines Fuchses oder auch nur unbedeutende Drohungen eines Dachses hellhörig und rasch zu reagieren. Doch ist es oft sowohl mit den Hunden als auch mit den Menschen so, dass sich ihre Vorzüge in ihren Mängeln fortsetzen: Schließt man diese Eigenschaften des Hundes nicht in einen für den Menschen vernünftigen und für den Hund selbst verständlichen Rahmen ein, so könnten sie auch wirklich in unbedachte und spontane Handlungen ausarten, die dann das Leben des Besitzers des Foxterriers erschweren.

KOMMENTAR...

Die Bewegungen des Hundes spiegeln immer seine Selbstsicherheit und die Überzeugung von der Richtigkeit seines Tuns wider. Und wenn wir Zoopsychologen in ungenügend energischen und hastigen Bewegungen oft ein Symptom bestimmter psychischer Abweichungen sehen, ist klar, dass ein vollwertiger Foxterrier einfach verpflichtet ist, sich exakt, energisch und gesammelt zu bewegen: Das entspricht dem zielbewussten und aktiven Charakter dieser Rasse, in deren Arbeit es keinen Platz gibt für Zweifel und Schwankungen.

Der Kopf:

*im Scheitel- und Stirnteil beinahe flach, mit gleichmäßiger Absenkung und Verengung in Richtung Augen. Der Unterschied zwischen der Länge der Stirnpartie des Schädels und der Länge der Schnauze ist **kaum merklich**... Der Nasenspiegel ist schwarz. Die Augen sind dunkel, nicht groß, rund und nicht weit auseinander gestellt, der Blick ist voller Energie und Lebhaftigkeit...*

Über die Bedeutung der Kopfformen und -proportionen als Rassenmerkmal habe ich Ihnen bereits erzählt. Gegenwärtig ist ein neuer Typ des Foxterriers aufgekommen, der sich durch eine übertrieben lange Schnauze auszeichnet: Sie ist um etwa ein bis zwei Zentimeter länger als die Stirnpartie des Schädels. Die Experten, die auf die Arbeitseigenschaften der Rasse Wert legen, sind besorgt: Aus rein mechanischen Gründen ist ein Hund mit einer solchen Schnauze nicht imstande, eine schwere Beute zu halten und aus einer Erdhöhle herauszuziehen: Ihm könnte das Gebiss kaputtgehen. *Aber für mich kommt es nicht einmal darauf an. Aus Erfahrung*

KOMMENTAR...

weiß ich, dass sich bei Hunden mit verlängerter Schnauze, einem feineren Knochenbau und anderen Anzeichen einer übermäßig trockenen Konstitution die Psyche verändert, nämlich beweglicher und erregbarer wird.
Bei solchen Veränderungen im rassebedingten Äußeren hört der Foxterrier nach und nach auf, jener Arbeitshund zu sein, der er seit alters her war. Die satte Pigmentierung von Nase und Augen ist nicht an sich wertvoll. *Laut den Gesetzmäßigkeiten der Vererbung von äußeren und inneren Eigenschaften hängen mit einer satten Pigmentierung immer eine beständigere Psyche und ein zuverlässigeres Verhalten des Hundes zusammen.*

Der Hals...

ist mäßig lang, ohne Hautfaltenbildung...

Ein übermäßig langer Hals vermindert die Arbeitseigenschaften des Hundes ebenso wie eine viel zu lange Schnauze (es liegen Studien vor, worin das nach allen Regeln der theoretischen Mechanik errechnet wird) und steht also ebenfalls mit der Vererbung der rassebedingten psychischen Eigenschaften in Verbindung. Und die Hautfalte aus weichen Geweben unterhalb des Halses zeugt von einer übermäßigen Schlaffheit des Hundes und folglich, kraft der bekannten morphologischen Theorie des Temperaments, von einer Neigung zu einer größeren Trägheit, als sie einem richtigen Foxterrier eigen ist.

Der Körper...

Der Rücken kurz, gerade, ohne auch nur eine Andeutung von Biegsamkeit...

KOMMENTAR...

Ich denke, auch Sie haben mehr als nur einmal gesehen, wie ein Hund, der vom Ausstellungsring wegen eines krummen Rückens geschasst wurde, ihn stolz aufrichtet, kaum dass er sich außerhalb des ja vielleicht sogar nicht ungefährlichen Ausstellungsgeländes befindet, dort, wo er auf keine ärgerlichen, Überraschungen gefasst sein muss. Handelt es sich wirklich um einen anatomischen Mangel oder eine Fehlbildung? Aber nicht doch! *Die Haltung des Rückens ist eine der wichtigen sichtbaren Äußerungen des emotionalen Zustandes des Tieres.* In sehr vielen Fällen wird dieser wesentliche Mangel mittels jener Psychotherapie korrigiert, die zur Ausstellungsvorbereitung eines jeden auf sich haltenden Show-Hundes gehört.

Nach den Gesetzen der Psychomotorik stehen die Haltung, die einzelnen Körperlinien und die Muskelspannung im direkten Verhältnis zum psychischen Zustand eines Lebewesens. Nicht anders ist es auch bei den Menschen, die seit langem über andere Formen der Äußerung ihrer Gefühle verfügen. Denken Sie nur, wie wichtig das erst für die Hunde ist, bei denen sich beinahe die ganze Sprache auf mimische Mittel und Bewegungen beschränkt.

In ihrer Artsprache ist ein gekrümmter Rücken gleich einem kummervollen Satz, der eine nervöse und verwirrte Spannung ausdrückt: "Jede Sekunde kann etwas passieren, womit ich nicht fertig werde!" Aber sind denn bei einem echten Foxterrier solche Empfindungen möglich? Eben deshalb wird diese Forderung im Rassestandard besonders hervorgehoben.

Die Vorderbeine.

Bei der Besichtigung von allen Seiten gerade, der Knochenbau stark.

KOMMENTAR...

Hier wird noch einmal der gute und zuverlässig feste Konstitutionstyp des Hundes betont, was in unserer psychologischen Fachsprache einem sanguinischen Temperament entspricht. Die Tatsache, dass mit dem Aufkommen eines trockeneren Typs des Körperbaus die Hunde den Cholerikern näherkommen, ist vom genetischen Standpunkt aus durchaus gesetzmäßig.

Die Hinterbeine.

Die Schenkel lang, mit gut entwickelter Muskulatur... die Sprunggelenke liegen niedrig, die Winkel sind gut geformt.

Stellen Sie sich vor, wie die Hinterbeine des Foxes aussehen müssen, dann sehen Sie ein, dass es hier nicht so sehr auf anatomische Details wie vielmehr auf die vollwertige physische Entwicklung und energische Beinstellung ankommt.

Die Hinterbeine eines jeden Hundes sind ihr Triebwerk, sie sichern die Hauptarbeit beim Laufen, indem sie das gesamte Gewicht des Hundes nach vorne stoßen. Deshalb werden sie auch so sehr geschätzt: stark, fest, bei einem schnellenden Stoß gewohnheitsmäßig nach hinten gebogen. Solche Eigenschaften erlangen sie aber nicht bei Laufereien und im "freien Flug", sondern beim Spazierenführen, bei einem langen Spaziergang in der Straße zusammen mit dem Herrn.

Die Entwicklung der Hinterbeine beim Spazierenführen ist auch für die psychische Entwicklung des Hundes sehr wichtig. Wie sonst kommt der Hund zu der erforderlichen Menge von Eindrücken, wo sonst lernt er, die Handlungen und Anweisungen des Menschen mit den Lebens- und Sicherheitsforderungen in Einklang zu bringen?

KOMMENTAR...

Wenn Sie also zu beurteilen wünschen, inwiefern ein Hund für das übliche Alltagsleben unserer Straßen geeignet ist, schauen Sie auf seine Schenkel: Die skulpturale Form der Muskeln, die als schönes Dreieck hervortreten, wird Ihnen die ganze Wahrheit von der Zahl der zurückgelegten Kilometer und den überaus umfangreichen Beobachtungen des Hundes verraten.

Der Schwanz.

Sitzt hoch, ist aber von gerader Form; der Schwanz muss stark und gerade sein... Ein viel zu kurzer Schwanz ist unerwünscht...

Jeder Hund hat einen Wirbel, dank dem sich die Rute biegen und auf den Rücken legen kann, bisweilen hat er zwei und sogar mehr solche Wirbel. In alten Zeiten wanderten "Veterinäre" durch Englands Dörfer und Burgen und beschäftigten sich damit, den verräterischen Wirbel mit der Zunge zu erfühlen und die kleine Welpenrute nicht abzuschneiden, sondern genau an der Stelle abzubeißen, die garantiert, dass der Rest absolut gerade ist. Einen solchen Foxschwanz kann der Jäger bequem mit der Hand ergreifen, um den Hund aus einer Tierhöhle zu ziehen und ihm beim Herausschleppen einer großen Beute zu helfen. Immerhin darf die Schwanzlänge mindestens der Breite einer guten Männerhand entsprechen. Wenn der Schwanz viel zu kurz kupiert ist, erweckt das in erster Linie den Verdacht, dass der Schwanz des Welpen bei der Geburt dazu neigte, sich beinahe an der Basis auf den Rücken zu legen. Begreiflicherweise wird ein solcher Hund bei der Arbeit nicht ganz so gut sein.

Folglich zeugt ein gerader und genügend langer Schwanz

KOMMENTAR...

eines Foxterriers ungefähr gleichermaßen von einem gut ausgearbeiteten Genotyp des Hundes wie auch seine Kopfproportionen und -formen. Zu berücksichtigen ist, dass der Hund, der unter den für ihn gewohnten Umständen den Schwanz gerade hält, ihn in äußerster Erregung krümmen kann. *Deshalb signalisiert die Schwanzstellung eines Foxterriers sowohl seine guten Erbanlagen als auch ein gegen momentane Erregungen beständiges Nervensystem.*

Das Fell.

Das Fell eines Drahtfell-Foxterriers weist einen charakteristischen Knick parallel zur Körperoberfläche auf und scheint zweischichtig zu sein: Unter dem festen Deckhaar liegt ein kurzes und sehr dichtes Unterfell. Gerade ein solches Fell schützt den Hund am besten gegen alle Verschmutzungen, die bei der Arbeit in einem Bau nicht zu vermeiden sind, und dient sogar als dünner, aber immerhin schützender Panzer, an dem die Zähne und Klauen des Gegners abgleiten. *Folglich hat bei einem rassigen Fox, der hunderte Generationen von mutigen Erdhunden hinter sich hat, die Fellstruktur einen funktionellen Sinn.* Sie behält diese ihre Beschaffenheit beim richtigen Trimming, wird jedoch beim Schneiden unnötigerweise weich und zeigt statt des flachen Knicks eine gewisse Wellung.

Die Praxis einer Zoopsychologin hat mich davon überzeugt, dass die Fellstruktur der Hunde in den Erbanlagen auch mit psychischen Eigenschaften verbunden ist.

Die drahthaarigen Hunde haben immer (oder fast immer) einen aktiveren und ausgeprägteren Charakter, die

KOMMENTAR...

glatthaarigen sind etwas empfindlicher gegen momentane Einwirkungen, die langhaarigen besitzen einen etwas sanfteren Charakter als ihre Artgenossen. Beobachtungen von Foxen besagen ebenfalls: Das harte Fell zeugt von der Unbeugsamkeit und Standhaftigkeit, die einen Echten Foxterrier auszeichnen.

Deshalb ist ein **Glatthaar *Foxterrier*** (Standard der Internationalen Kynologischen Föderation Nr. 12a) etwas flexibler im Verhalten und wahrscheinlich emotionaler als ein Drahthaar Foxterrier.

Die Färbung.

Der gegenwärtige Foxterriertyp hat dreifarbig zu sein: weiß mit rostroten und schwarzen Platten, wobei Weiß in der Färbung überwiegt (ungefähr zumindest zwei Drittel der Körperoberfläche). Ich weiß, dass Zuchtmeister bemüht sind, Foxe mit maximal weißer Färbung, sogar ganz weiße zu züchten, habe jedoch solche nicht gesehen. Bei all meiner berufsbedingten Vorsicht gegenüber der weißen Färbung (ihre Genetik ist höchst kompliziert) muss ich sagen, dass das Weiß bei den Foxterriern seit langem besteht, so dass hier keine unangenehmen Überraschungen zu erwarten sind.

Bewegungen.

Die Plastik des Hundes weist am besten auf seine Stimmungen und psychischen Besonderheiten hin.

Die gespannten, energischen, starken Bewegungen eines echten Foxterriers entsprechen jenem zielbewussten und aktiven Verhalten, an welches ich Sie fortwährend als den

KOMMENTAR...

Hauptzug dieser Rasse erinnere.

Bei jeder Unsicherheit in Bezug auf die Situation, die eigenen Handlungen werden die Bewegungen ungelenk, schwankend und sogar verlangsamt.

Begreiflicherweise können solche Beanstandungen von Ausstellungsexperten vermieden werden, wenn man sich mit der psychologischen Vorbereitung des Hundes rechtzeitig und richtig beschäftigt.

9. SPRACHFÜHRER MENSCHLICH – HÜNDISCH

Wie sich aus dem Standard und meinen Kommentaren dazu ergibt, ist der Foxterrier schon wegen seines Körperbaus und seiner Bewegungsbesonderheiten nicht dafür veranlagt, feine und kaum spürbare Übergänge von Gemütsregungen auszudrücken. Der Schwanz steht immer (oder fast immer) hoch, die Bewegungen sind sicher und gleich energisch, was auch passieren mag – wie soll man da schwache Veränderungen in der Stimmung des Hundes bemerken?

Deshalb muss es ein liebender Herr eines Foxterriers gründlich lernen, all die kleinen Zeichen zu sehen, die von den Emotionen und Absichten des Hundes sprechen. Erst recht muss er jedem mimischen Detail große Bedeutung beimessen!

Hier ist alles wie bei den Menschen: In einem Gesicht mit reicher Mimik lesen Sie leicht alle augenblicklichen emotionalen Einzelheiten, wenn aber ein sonst wenig ausdrucksvolles, beherrschtes Gesicht auch nur die geringste Veränderung zeigt, verrät das tiefe Erlebnisse, die vielleicht nach einer Sofortreaktion verlangen.

Ich will versuchen, die wesentlichsten Unterschiede in den Ausdrucksmitteln der Foxterrier von der allgemein hündischen pantomimischen Sprache zu beschreiben, um Ihnen zu verdeutlichen, worauf Sie besonders achten müssen.

SPRACHFÜHRER...

Kopf- und Halsstellung

Der Fox trägt den Kopf immer hoch, so dass es schwer zu bemerken ist, wenn er den Kopf ganz wenig hängen lässt, um Schüchternheit und Unterwürfigkeit auszudrücken.

Geschieht dies doch, so verdient das eine ganz besondere Aufmerksamkeit. Zugleich damit "picken" viele Foxterrier beim Gehen ein wenig – das ist durch den Bau ihres Vorderteils bedingt. Wenn der Kopf des Foxes mal nach oben, mal nach unten rhythmisch, mit jedem Schritt, wippt, hat das nichts zu bedeuten.

Die Ohren.

Die Ohren des Foxes sind nicht sehr beweglich, und obwohl sie sich ab und zu nach einer Seite richten oder zurückgelegt werden, ist das nicht so ausgeprägt wie bei den Hunden mit Stehohren.

Deshalb müssen sie auf die Stelle des Ohrenansatzes achten, an der ein mehr oder weniger massiver Knorpel liegt.

Ein Ohr ist mit der Muschel leicht seitlich gerichtet	– *"Was also sagst du? Ich habe nichts dagegen, auf dich zu hören!"*
Ein Ohr ist zurückgelegt	– *"Etwas stimmt mit mir nicht!"*

SPRACHFÜHRER...

Hängende Ohren — *"Was wird man mir gleich Unangenehmes sagen?"*

Doch sind sie für den Foxterrier so wenig charakteristisch, dass das jedesmal eine genaue Beachtung und eine individuelle Analyse der Situation verdient; prüfen Sie, ob der Hund nicht an Otitis leidet.

`Die Augen` des Foxterriers sind durch die Brauen verdeckt, die Lider wenig beweglich, auch dadurch ist ihre Ausdruckskraft gemindert. Und doch: Wenn Sie bemerken, dass die Augen ein wenig runder geworden sind und dabei etwas direkt, unverwandt anstarren, kann das eine Drohung für denjenigen bedeuten, dem der Blick gilt.

`Das Mienenspiel der Schnauze` ist beim Foxterrier wenig bemerkbar, zudem selbst bei einem gut getrimmten Hund durch den Bart verdeckt.

Lernen Sie, die besonderen individuellen Feinheiten im "Gesichtsausdruck" Ihres Hundes wahrzunehmen. Allgemeine Beschreibungen sind hier eher unnütz.

`Der Körper und die Rückenlinie` des Foxterrieres, stets elastisch und gespannt, liefern ebenfalls nicht viele Informationen über die Gemütsbewegungen des Hundes – solange sie dies bleiben.

SPRACHFÜHRER...

Es gibt nichts Traurigeres, als bei einem Fox einen gekrümmten oder sehr beweglichen Rücken zu sehen (Kynologieexperten nennen ihn manchmal "gummiartig").

Es ist nämlich so, dass die Rückenlinie als sehr wichtiges Element des aussagekräftigen Verhaltens des Hundes immer Furcht und Verwirrung widerspiegelt, und zwar nicht eine augenblickliche, sondern eine zu einer traurigen Gewohnheit gewordene.

Woher mag bei einem Kampfhund eine solche gewohnt deprimierte Stimmung kommen?

`Der Schwanz` dagegen ist kein so zuverlässiges Signal von Angst, wie alle, die wenigstens halbwegs die Hunde beobachten, gemeinhin denken. Gerade der Schwanz verrät einen nur augenblicklichen, dazu nicht besonders akuten Zustand. *Er zeigt den Grad der Erkenntnis der Umstände durch den Hund, seine Sicherheit in Bezug auf die Entwicklung der Ereignisse und die eigenen Handlungspläne an.*

Der Schwanz bildet die Forsetzung der Rückenlinie: *"Was tut sich dort eigentlich? Weiß nicht, mal nachsehen!"*

Da ist zum Beispiel in der Nähe ein ungewöhnlicher Laut zu hören: Der Hund steift die Ohren und lauscht. Nach ein paar Sekunden weiß er schon, woher der Laut kommt und was er bedeutet, und der Schwanz hebt sich allmählich nach oben und ist bald in seiner gewohnten, dem Zenith zugerichteten Lage!

Der Schwanz ist an die Hinterläufe gedrückt: *"Ich verstehe da überhaupt nichts und will es auch nicht verstehen!"*

Diese Stellung darf die Rute eines Foxes unter keinen Umständen haben! *Beim Beobachten der Schwanzstellung Ihres Foxterriers versuchen Sie, ihre Veränderungen mit dem in Verbindung zu bringen, was im Moment geschieht.* Dann können Sie erraten, was konkret den Hund so angespannt macht und was man ihm über unseren gemeinen Alltag besser erklären müsste.

Der Schwanz ist auf den Rücken zurückgelegt – *"Haltet mich fest, sonst reiße ich aus!"*

Ein solcher Schwanz ist für einen Foxterrier weit natürlicher als ein hängender und eingezogener, doch zeugt er von einer emotionalen Spannung. Das ist ein Zeichen von Übermut und Erregung, möglicherweise auch ein erstes Signal dafür, dass der Hund in rauflustiger Stimmung ist. *Eine solche Schwanzstellung bei einem Fox ist als Aufforderung an den Herrn zu verstehen, wachsam zu sein. Da ist es wohl am besten, auf alle Fälle dem Hund ein Kommando zu geben, dessen Erfüllung ihn an unbedachten Handlungen hindert.*

SPRACHFÜHRER...

Die Hinterbeine. Ich verstehe sehr gut: Wenn sie den Hund an der Leine führen, sehen Sie seine Hinterbeine einfach nicht. Aber die Experten auf der Ausstellung werden Ihnen von ihren Bewegungen erzählen, denn sie sehen sich alles genau an.

Wenn Sie keine Ausstellungen besuchen, bitten Sie einen Bekannten, darauf zu achten, wie Ihr Hund, wenn er mit Ihnen geht, die Beine stellt.

| Der Hund stellt sich auf die Hinterhand, der Ruck ist stark und federnd: | *"Aha, ich weiß schon, wohin zu gehen ist und wozu."* |

Ebendas ist jene Zielbewusstheit des Verhaltens, die einen wahren Foxterrier so sehr auszeichnet.

| Die Hinterbeine sind ein wenig nach außen gestellt: | *"Das wird vielleicht ein Gaudi sein!"* |

Der Hund freut sich im Voraus auf eine interessante Beschäftigung oder einen neuen Ort der Spaziergänge; es kann aber sein, dass er einfach müde ist, die Befehle auszuführen, und den Herrn einfach verwirren will.

| Die Hinterbeine "flechten einen Zopf", die Schritte sind kürzer: | *"Ich bin total müde!"* |

SPRACHFÜHRER...

Achten Sie auf solche Bewegungen, wenn sie sich am Ende des gewohnten Spaziergangs einstellen: Es ist sehr wohl möglich, dass der Spaziergang zu verkürzen ist!

Die Hinterbeine sind unter den Körper "untergestellt":

"Wohin gehen wir eigentlich und was wollen wir unternehmen?" Oder: *"Ich wüsste wirklich nicht, was für ein Kommando du mir noch gibst!"*

Die Bereitschaft zur Ausführung des Kommandos ist dem Herrn keinesfalls garantiert, eher umgekehrt, der Hund ist nicht sicher, ob er dem Befehl folgen soll.

Hoffentlich werden Sie anhand dieser meiner Erläuterungen die Feinheiten in den Gemütsbewegungen und Absichten Ihres Hundes besser verstehen lernen.

Aber jeder auf sich achtende Sprachführer hat auch eine **Rückübersetzung**. Deshalb möchte auch ich einige der notwendigsten vom Herrn an den Hund gewandten Worte ins "Hündische" übersetzen.

"Ich mag dich sehr!"

Streicheln des Hundes am Hals und Widerrist von oben oder seitlich, eine kurze Umarmung und, in der intimsten Minute, Streicheln am Bauch.

Wird, ebenso wie auch die menschliche Liebeserklärung, nicht viel zu häufig gebraucht, um die echten Gefühle nicht zu entwerten.

SPRACHFÜHRER...

Zudem nimmt der Hund Küsse, besonders auf die Nase, ohne besondere Begeisterung entgegen, für ihn ist das bestenfalls eine verzeihliche Laune des geliebten Herrn.

"Ruhe, kein Grund zur Aufregung!"

Die Hand klopft dem Hund leicht das Schulterblatt von der Seite.

"Verzeihung, das war nicht meine Absicht."

Die Hand klopft und zaust sehr zärtlich das Fell im Widerristbereich, ohne sich zu ballen.

Die Geste ist gut, wenn Sie versehentlich den Hund gestreift oder gestoßen haben oder ihm auf die Pfote getreten sind.

"Nicht ärgern!"

Die offene Handfläche ist, ein paar Zentimeter vom Muffel entfernt, unter der Schnauze des Hundes.

Diese Geste dient keineswegs zur Beruhigung Ihres Hundes, mit dem das Temperament durchgeht, sondern beispielsweise als Erklärung, dass Sie seinen gesetzmäßigen Wunsch (mitgenommen zu werden, zu spielen u. ä.) nicht befriedigen können.

"Sei doch ruhig, bist zu sehr in Fahrt gekommen!"

Die Hand liegt recht fest auf dem Nasenrücken und umfasst den Oberkiefer von beiden Seiten.

SPRACHFÜHRER···

"Lieber sitzen, und zwar bald."	Der Arm ist etwas ausgestreckt, der Zeigefinger hängt über dem Kopf des Hundes, die übrigen Finger sind an die Handfläche gedrückt.
"Sofort aufhören!"	Die Hand umfasst fest das Fell auf dem Widerrist und ballt sich bei jedem Widerstand.
"Na warte!"	Schütteln am Widerristfell.
"Das aber wirst nie wagen!"	Schroffes Schütteln am Widerrist, wobei die Beine sich vom Boden heben; ein ebensolches Schütteln an den Fellfalten an den Kieferecken.

! Wird ausschließlich bei offenkundigem Ungehorsam und erst bei sieben bis acht Monaten alten Welpen angewendet.

"Du bist ja nichts neben mir!"	Der Hund wird durch Druck auf den Halsansatz seitlich auf den Boden, möglicherweise auch wie ein Welpe auf den Rücken gezwungen.

! Wird ausschließlich bei einer offensichtlichen Drohung seitens des Hundes gebraucht.

SPRACHFÜHRER...

Und bitte daran denken, wie der Hund die Tonlage der menschlichen Stimme aufnimmt. Je mehr Sie sich von Ihrem Hund Ruhe oder Gehorsam wünschen, desto tiefer und dumpfer muss Ihre Stimme sein. Zur Beruhigung des Tieres muss Ihre Rede gemessen, ja etwas faul sein, um die Belanglosigkeit der Situation anzudeuten. Wenn Sie aber den Hund zur Ruhe mahnen, ist eine schroffere und abgehacktere Redeweise angebracht.

"Ich mag dich sehr!"

10. DRESSUR FÜR DEN FOX

Wozu ist die Dressur gut?

Die Antwort auf diese Frage hängt davon ab, was man unter Dressur versteht. Ist sie eine "Berufsausbildung" für Arbeitshunde, so unterscheidet sich die Dressur eines Foxterriers begreiflicherweise gründlich vom Abrichten eines Diensthundes. Die Jäger nennen die Berufsausbildung von Foxterriern und anderen Jagdhunden nicht Dressur, sondern "Andressieren". Dieses beruht nicht auf dem Beibringen der erforderlichen Handlungen, sondern darauf, dass dem Hund das nötige Ergebnis vorgegeben wird, er selbst aber entscheidet darüber, was und wie er es erzielt.

Ich habe von Jägern gelegentlich gehört, für ihre Hunde sei die "klassische" Dressur nachgerade beinahe schädlich, weil der Hund danach die Initiative und Selbstständigkeit, die die wichtigsten Arbeitseigenschaften des Foxes ausmachen, vollends verliere.

Ich will mich nicht darüber ergehen, dass es Dressur und Dressur gibt, dass es absolut nicht notwendig (mehr noch, in jeder Hinsicht schädlich!) ist, sie soweit zu treiben, dass sich die Selbstständigkeit verliert. Mögen doch die Profis ein jeder in seinem Beruf arbeiten, der eine in der Dressur von Diensthunden, der andere im "Andressieren" für die Jagd.

Meine Aufgabe ist es, Ihnen darüber zu berichten, was Sie und Ihr Zögling nicht für die Arbeit in einer Tierhöhle, sondern im Alltag brauchen werden.

DRESSUR FÜR DEN FOX

Ich sagte schon, dass die Meinung über die Dickköpfigkeit der Foxterrier nicht ganz richtig ist: Ihr Verhalten ist durch die Beständigkeit von stabilen Stereotypen bedingt.

Ebendeshalb wird bei jeder Arbeit mit einem Fox nicht so sehr das Beibringen von zuverlässigen Fertigkeiten wie vielmehr das von flexiblen und mannigfältigen Verhaltensformen beachtet.

Wir wollen auch nicht vergessen, dass bei der Arbeit in einer Tierhöhle der Fox recht selbstständig ist, und deshalb ist er auch bei der Dressur nicht so sehr bemüht, auf den Herrn vorbehaltlos zu hören. Doch wie kann man sich über etwas ärgern, was wir selbst, wir Menschen, dem Charakter und der Psyche einer Rasse verliehen haben? Und wenn die uns bei der Arbeit nötigen Züge uns im Alltag auf die eine oder andere Weise stören, bleibt nur übrig, sie bis zu einer zulässigen Grenze abzumildern. Dagegen führt es zu nichts, sich selbst und den Hund zu verstimmen. Das kann nur das Vertrauen untergraben und jene unübertroffene Bereitschaft, dem Menschen zu dienen, zunichte machen, die allein genügt, vom Foxterrier alles zu erreichen, was der Herr braucht.

Zu erwähnen ist jedoch auch die Kehrseite der Medaille: *der Umstand, warum die Dressur für den Hund selbst lebensnotwendig ist.* Um ganz ehrlich zu sein, will ich gestehen: Es ist meine tiefste, mir von zahlreichen Hunden eingeflößte Überzeugung, dass sie die Dressur noch mehr benötigen als wir, ihre Herren.

Denn alle möglichen Kommandos bilden unsere gemeinsame Sprache, in der wir den Hunden erklären, wie sie sich benehmen sollen, um zu überleben und es in unserem,

DRESSUR FÜR DEN FOX

durch und durch von Menschen bevölkerten Milieu gut zu haben.

Wenn der Hund an einer weisen Leitung seitens des Herrn mit allen Fibern interessiert ist, so ist er genau sosehr daran interessiert, dass die Weisungen begreiflich und zugänglich sind. Dazu eben bestehen die einfachen Kommandos, deren Priorität selbstverständlich höher sein muss, als die Priorität beliebiger zufälliger Faktoren.

Anders ausgedrückt: Der Hund ist selbst daran interessiert, dem Herrn zu gehorchen.

Nicht minder als daran, etwas (was er schon gut kennt und kann) nach eigenem Ermessen tun zu können.

Wieviel Gehorsam ist nötig ?

Der Gehorsam des Hundes beginnt mit einem Verhalten, das so natürlich und, man könnte sagen, winzig ist, dass niemand sich darüber Gedanken macht.

Stellen Sie sich vor, dass Sie Ihren Hund im Zickzack über einen nicht sehr breiten Pfad führen. Wie jedes lebendige Wesen in der Natur strebt der Hund danach, die Anstrengungen und die Energie, die jede Handlung abverlangt, zu sparen, und deshalb wünscht er, geradeaus zu gehen. Man braucht diesen minimalen Widerstand nur zu überwinden, und schon hat das Tier auch selbst nicht bemerkt, dass er es gelernt hat, dem Herrn zu folgen und als Kriterium nicht die eigenen, und sei es natürlichen Interessen, sondern den Willen des Herrn zu akzeptieren. Nützlich ist es auch, den Wendungen eine sanfte Veränderung der Geschwindigkeit hinzuzufügen.

Und die für den Hund unerwarteten Fälle von Stillstehen (und zwar nicht unbedingt sitzend, sondern, wie auf dem

DRESSUR FÜR DEN FOX

Platz, abwechselnd sitzend und stehend) werden Ihren Zögling lehren, auf die Kommandos zu warten und zu hören, was konkret Sie von ihm verlangt haben.

Es kommt nur darauf an, das nicht gewaltsam zu tun, ohne Versuche, an der Leine zu hängen, um den energischen und im Anruck starken Hund in die Richtung zu ziehen, die Sie brauchen. *Dazu lernen Sie es bitte, den Hund an der lockeren Leine zu führen und einen nicht starken, aber schroffen Ruck als die letzte Erinnerung an das Kommando anzuwenden.*

Und nun lassen Sie uns über Folgendes nachdenken: Wozu brauchen wir eigentlich den Gehorsam des Hundes?

Offen gesagt meint der Herr in den meisten Fällen die Möglichkeit, ein Verhalten des Hundes, das ihm missfällt, zu verhindern. Kennzeichnend: Die Herren von Foxen, die nicht als Jagdhunde verwendet werden, machen sich so gut wie keine Gedanken über die Möglichkeit, dem Zögling zu diktieren, was er zu tun hat. Und schon ganz selten versucht der Herr eines Foxterriers, einen Kompromiss zwischen seinen Wünschen und dem rassebedingten Verhalten des Hundes zu finden.

Es ist jedoch genau bekannt, dass gerade der Kreis der zulässigen Kompromissvarianten einen unerschöpflichen Vorrat an verschiedenen Methoden zur Lösung der praktischen Verhaltensprobleme enthält.

`Erstens` kann der Hund gerade dieses Verhalten am leichtesten realisieren, denn dann kann er die Interessen des Menschen mit den Normen der Art verbinden.

DRESSUR FÜR DEN FOX

Zweitens hat ein zulässiges Verhalten zumindest mehrere Varianten, und jede davon kann in dieser oder jener Situation verwendet werden.

In Wirklichkeit können diese Varianten ganz gut mit den natürlichen Absichten des Hundes, wenn man die eigenen Forderungen etwas modifiziert, in Einklang gebracht werden.

Deshalb ruft die Erarbeitung des zulässigen Verhaltens beim Hund keinen so offenen Protest hervor, wie es direkte Verbote oder der Zwang zu einer einzigen Form tun, und stellt die goldene Mitte zwischen den Wünschen des Hundes und dem geheiligten Willen des Herrn dar.

Die Eigensinnigkeit und richtiger Ungehorsam werden recht einfach beseitigt.

Dazu ist nur eines nötig: die heilige und unerschütterliche Gewissheit des Hundes, dass Ihre Kommandos seine eigene Sicherheit und sonstige Bedürfnisse zum Ziel haben.

Dann wird der Gehorsam zu einer nicht wegzudenkenden Notwendigkeit für den Hund selbst. Nun sagen Sie mir, welcher Idiot wird sich unter ein Auto stürzen, wenn ihm rechtzeitig das Stillstehen anbefohlen ist? Wer wird das Risiko einer unnötigen Prügelei mit einem gerade entgegenkommenden Hund auf sich nehmen, wenn der geachtete und vergötterte Herr befiehlt, schön ruhig neben ihm zu gehen?

DRESSUR FÜR DEN FOX

Und immer wieder überzeugt sich der Hund davon, dass der Herr erstens *immer weiß, wie man sich zu verhalten hat, um nicht reinzufallen,* zweitens *dies dem von ihm betreuten Zögling unbedingt beibringt und* drittens *seinen Willen, wenn er schon etwas wünscht, erreichen wird, ohne das sozusagen unentbehrliche Maß an Gewalt zu überhöhen.*

Lenken des Verhaltens

Um mit dem Hund in jeder Lebenssituation fertig zu werden, kann man mit den fünf Hauptkommandos auskommen: *"Sitz"* (oder *"Halt"* – wenn Sie es vermeiden möchten, einen kleinen schön weißen Hund in schmutzige Pfützen zu setzen), *"Fuß"* , *"Aus"* (*"Nein"*), *"Lauf"*, *"Komm"* und Jedes dieser Kommandos hat nicht nur seinen offenkundigen funktionalen Sinn, sondern auch eine wichtige erzieherische Wirkung.

Das Kommando "Sitz" schaltet nach etwa zwanzig Sekunden im Zentralnervensystem des Hundes automatisch den Hemmungsprozess ein, der das Tier beruhigt und seinen Reaktionen auf die Umgebung die Schärfe nimmt.

In einer für den Hund akuten Situation, wenn er viel zu erregt ist, braucht er eine solche Atempause unbedingt. Und Sie ihrerseits bekommen eine Pause, die genügt, um das Weitere zu überdenken.

Das Kommando "Halt" beruhigt den Hund etwas weniger, und es fällt etwas schwerer, seine sichere Erfüllung zu erreichen, weil die Stellung selbst einer größeren Bereitschaft zu beliebigen aktiven Handlungen entspricht.

DRESSUR FÜR DEN FOX

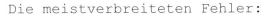

Die meistverbreiteten Fehler:

1) starke Klapse auf das Hinterteil anstatt eines sanften Druckes;
2) vielfache Wiederholung des Kommandos;
3) nicht rechtzeitiges Lob für die Ausführung des Kommandos – schon nach der Veränderung der Stellung;
4) Lob ohne eine Wiederholung des Kommandos.

Um den Hund sich auf das Kommando des Herrn konzentrieren zu lassen, hilft das Kommando "Fuß" am besten.

Nur dass es ebenso folgerichtig zu erteilen ist wie jedes andere auch, ohne es sinnlos bei jedem Schritt auf der Straße zu wiederholen; wenn nötig, wird leicht an der Leine gezogen. Sobald das Kommando gut gefestigt ist, wird es für Sie die sicherste Methode sein, den Hund an allem vorbeizuführen, was seine Aufmerksamkeit viel zu sehr ablenkt: an einer Katze oder einem "furchtbaren" Bus, an einer erschrockenen Alten oder einem Ball vorbei, der von spielenden Kindern weggerollt ist.

Nach den strengen Dressurregeln bedeutet das Kommando "*Fuß*" eine Bewegung des Hundes neben dem Herrn, an seinem linken Bein. Doch im Alltag ist auch das Gehen rechts vom Herrn nicht unbedingt verurteilenswert. Im Gegenteil, in zahlreichen Fällen gibt das zusätzliche Bequemlichkeiten im Leben, also handeln Sie so, wie es Ihnen am besten passt. Aber das Nützlichste, was man erdenken kann, ist, **beide Varianten** als gepaarte Fertigkeiten beizubringen.

DRESSUR FÜR DEN FOX

Zusätzliche Methoden beim Spazierenführen des Hundes:

1 Leichte Schläge, bei denen man mit der Ferse das Brustbein stößt, wenn er Sie überholt. Aber nicht vergessen: Ein solcher Stoß darf nicht schmerzhaft sein, er dient vielmehr nur als zusätzliches mechanisches Signal. Das ist ungefähr so, wie wenn man einen Menschen, der einen Zuruf nicht gehört hat, an der Schulter berührt.

2 Scharfe Wendungen nach links beim Wunsch des Hundes, den Herrn rechts zu überholen. Das muss man entschieden genug tun, ohne zu befürchten, dass sich der Hund weh tut, indem er mit der Schnauze an Ihr Knie stößt. Es gibt nichts Gefährliches an diesem leichten Schlag, und da nicht Sie geschlagen haben, sondern der Hund selbst gegen das Bein stößt, muss er den einzig richtigen Schluss ziehen: Besser ist es doch, das Kommando rechtzeitig zu beachten.

3 "Mühle": Drehen der Leine vor der Nase des Hundes bei seinem Versuch, vorauszugehen. Sie werden genau aufpassen müssen, dass sich die Leine oberhalb der Schnauze senkt und nicht darunter verläuft. Das heißt, dass sich die Leine bei der Bewegung von links gegen die Uhrzeigerrichtung und bei der Bewegung von rechts in der Uhrzeigerrichtung dreht.

DRESSUR FÜR DEN FOX

4 Führen an Mauern, Zäunen und anderen Hindernissen, wenn der Hund vom Weg abzugehen sucht.

5 Starkes Drücken des Hundes im Bereich der Schultern an eine Mauer, einen Zaun usw., wenn der Hund vorauszugehen wünscht. Führen Sie den Hund gemeinsam mit einem Familienangehörigen spazieren, so kann man ungefähr so handeln, wie das ausgelassene Jungs auf der Eisbahn tun (oder wenigstens zu meiner Zeit taten): an beiden Seiten des Hundes stehend, einen Augenblick abzupassen, da er vorauszugehen sucht, und ihn zwischen den Seitenflächen der Beine einzuklemmen.

6 Leichte Schläge auf den Leib des Hundes mit einem Zweig oder einer Gerte, wenn er vom Weg abweicht.

7 Leichter Schlag mit einem Zweig oder einer Gerte von hinten beim Zurückbleiben des Hundes.

! Wichtig: Diese Methoden dienen keineswegs als Strafe für die Sünden Ihres Hundes, vielmehr verfolgen sie nur das Ziel, mögliche Fehler zu korrigieren, weshalb sie ohne große Anstrengung und völlig ruhig anzuwenden sind.

DRESSUR FÜR DEN FOX

Wenn das Kommando "Fuß" nur beim Gehen geradeaus oder beim Kreisen wie auf dem Dressurplatz ausgeführt wird, ist es nichts wert.

In unserer Praxis finden oft alle möglichen bizarren Bewegungsbahnen Anwendung, von denen jede dem Hund bestimmte intellektuelle Schwierigkeiten bereitet.

Da ich den Charakter und die individuellen Besonderheiten Ihres Foxterriers nicht kenne, kann ich Ihnen unbesehen keine konkreten Varianten empfehlen. Sie werden es selbstständig versuchen müssen, ihn nicht nur im Zickzack zu führen, sondern auch beliebige andere Figuren anzuwenden, um festzustellen, welche davon leichter ausgeführt werden oder doch schwerer fallen, und sie erst dann nach und nach immer komplizierter zu machen.

Für einen Fox ist es am nützlichsten, jede weitere Variante zu trainieren, bis er sie sicher, ohne Störungen ausführt, um erst dann zur nächsten überzugehen.

Überstürzen Sie bitte nichts und überlappen Sie nicht diverse komplizierte Faktoren, z. B. Stillstehen und Veränderung der Bewegungsrichtung zugleich.

Das Kommando "Aus" ("Nein") dient als kategorisches Verbot von unerwünschten Handlungen und wird in einem sehr schroffen, drohenden Ton, abgehackt, mit tiefer Stimme gegeben.
Wie man sich unschwer vorstellen kann, ist dies die Tonlage

DRESSUR FÜR DEN FOX

eines älteren, sehr selbstsicheren Hundes, der ungehorsame Welpen zur Räson zu bringen weiß. Gerade das brauchen wir: Das Kommando "*Aus*" ("*Nein*") darf nie unausgeführt bleiben!

Der meistverbreitete Fehler ist, dass wir das Verbot in einem einzigen Fall anwenden:

Für einen normalen Hundebesitzer ist der Wunsch des Hundes, ein "Leckerle" von der Erde zu fressen, der häufigste und natürlichste Anlass zu diesem Kommando. Die üblichen Folgen: Der Hund weiß sehr gut, dass wir nach dem Kommando ihm doch nicht nachrennen, läuft einen Bogen um uns und versucht, den nächsten im Gebüsch gefundenen "Leckerbissen" möglichst schnell aufzufressen. Aber verlangt denn nur diese Situation ein ausdrückliches Verbot? Und die Versuche, Katzen nachzujagen? Und das Anbellen von Kindern und alten Leuten?

Man muss gut alle Situationen durchdenken, die Sie für unbedingt gefährlich halten und die eine solche scharfe Einmischung erfordern.

Ein weiterer sehr ernster Fehler bei der Anwendung von Verbotkommandos ist die Verhinderung jeder Initiative eines jungen Hundes.

Stellen Sie sich vor, dass der Hund den Hals streckt, um auf der Straße einen Passanten (eine Passantin) oder (o Schreck!) dessen Tasche, die etwas Essbares enthalten kann,

DRESSUR FÜR DEN FOX

zu beriechen. Sie lassen ihn eine Zeitlang an der Leine ziehen, aber dann fällt Ihnen ein, dass das Tier den Menschen erschrecken, verdrecken oder ihm einfach missfallen kann.

Um Ihrem Nächsten also Unannehmlichkeiten zu ersparen, rufen Sie den Hund mit dem Kommando *"Aus"* oder *"Nein"* zur Ordnung und ziehen dabei kurz an der Leine: dies immer wieder, von Tag zu Tag, von Woche zu Woche, und das ist nur eine der zahlreichen ähnlichen Situationen.

Der Hund zieht daraus den durchaus logischen Schluss: Was er auch unternimmt, der Herr ist sowieso unzufrieden und wird ihn zurückziehen! Das ist die einfachste Weise, jene Selbstständigkeit und Aktivität für immer zu unterdrücken, die den wahren Foxverehrern so teuer sind.

Viel besser ist es, dem Hund im Voraus ein Kommando, das mit seinen Absichten unvereinbar ist, zu geben: Im Gehen ist es das Kommando *"Fuß"* (wenn nötig, wird der Hund z. B. durch Zickzack oder häufiges Stillstehen abgelenkt), und im Stehen ist das Kommando *"Sitz"* nicht schlecht. Sehr effektiv sind auch die Kommandos *"Seh"* und *"Hör"*, die zu den nicht obligatorischen, doch sehr nützlichen Gewohnheiten gehören.

> Ich werde nie der Meinung zustimmen, dass man den Hund für die Ausführung des Kommandos *"Aus"* (*"Nein"*) nicht loben darf, das ist ja eine genau solche Forderung des Herrn wie jedes andere Kommando auch, und der Hund muss in jedem Fall verstehen, was konkret Sie von ihm wollten.

Außer dem kategorischen Verbot *"Aus"* (*"Nein"*) kann man mit Nutzen bei der Lenkung des Verhalten des Hundes

DRESSUR FÜR DEN FOX

(besonders eines jungen Hundes) auch mildere Synonyme anwenden: "*Nicht doch*", "*Hör auf*" und sogar Sätze von der Art "*Wo gehst du hin?*".

Am besten wendet man sie in Situationen an, die nicht mit einer unmittelbaren Gefahr verbunden sind, einfach dazu, um das Kommando "*Aus*" ("*Nein*") nicht zu entwerten. Allmählich assoziiert der Hund die Synonyme mit den Besonderheiten einer Situation und Ihrer Einstellung dazu und versteht allmählich, dass das Verbot in verschiedenem Grad kategorisch sein kann.

Vergessen Sie nicht, dass zum Beibringen eines richtigen Verhaltens Verbote allein nicht genügen.

Eignen Sie sich die Regel an: Wenn Sie dem Zögling etwas verbieten müssen, geben Sie ihm möglichst bald danach ein konstruktives Kommando, verbergen Sie ihm nicht, wie er Ihrer Meinung nach hätte handeln sollen. Das ist dann ein richtiges Beibringen des richtigen Verhaltens und keine Unterdrückung der Initiative.

Das Kommando "Lauf" hat zwei Hauptbedeutungen.

Erstens ist es ein befreiendes Kommando, dem Hund wird z. B. nach dem Führen mit dem Kommando "Fuß" und dem langweiligen anbefohlenen Sitzen Freiheit gegeben. Die Hunde schätzen dieses Kommando hoch.

Zweitens ist es ein ganz konkreter Hinweis darauf, dass er "handeln" ("agieren") darf.

DRESSUR FÜR DEN FOX

Unabhängig davon, in welchem Sinne Sie das Kommando im gegebenen Moment anwenden, kann es sowohl ohne die Leine als auch an der Leine (in ihrer ganzen Länge) befolgt werden. Beim Erteilen des Kommandos "*Lauf*" ist es sehr nützlich, dem Tier zu zeigen, in welcher Richtung es gehen sollte. Dann können Sie den Hund mühelos von der Fahrbahn, dem Kinderspielplatz, von anderen Hunden und sonstigen Plätzen weglenken, die die Aufmerksamkeit Ihres Hundes zu sehr beschäftigen.

Das Kommando "*Laif*" als befreiendes Kommando darf nicht zu Hause, in Verkehrsmitteln, auf dem Gehsteig angewandt werden, kurz, an Orten, an denen das Spazierenführen sowieso unmöglich ist. Für solche Situationen wäre die Einführung eines beliebigen anderen Synonyms nützlich, das die Wirkung der früheren Kommandos aufhebt, etwa: "*Bist frei*".

Die Bedeutung des Kommandos "Komm" ist völlig offenkundig: Im Alltag wird es verwendet, um den Hund von etwas zurückzurufen, was seine Aufmerksamkeit in Anspruch nimmt, sowie dazu, um bestimmte Handlungen des Hundes zu verhüten oder ihn anzuleinen.

Für einen Foxterrier erübrigt es sich, das Kommando im "Kasernenhofton" *beizubringen. Nützlich ist es, nicht die normative, sondern eine* "mildere" *Variante zu gebrauchen, beispielsweise* "*Komm her*" *. Diese Variante des Kommandos des Herbeirufens bedeutet, dass sich der Hund Ihnen annähern, in Ihr Gesichtsfeld treten (aus dem Gebüsch herauskommen, hinter der Hausecke hervorkommen) muss und sich nicht weiter entfernen darf, als das die Regeln vorschreiben.*

DRESSUR FÜR DEN FOX

Die Regeln der Anwendung des Befehls zum Herbeirufen sind nicht sehr kompliziert:

1 Das Kommando des Herbeirufens soll nicht zur Unterbindung eines unerwünschten Verhaltens, sondern im Voraus, zu seiner Verhütung gebraucht werden.

2 Das Kommando des Herbeirufens ist in realen Situationen nicht Selbstzweck, es wird durch ein darauf folgendes anderes Kommando oder eine Handlung im Interesse des Hundes untermauert (man kann etwa das Halsband zurechtrücken oder seine Pfoten beschauen).

3 Ist der Hund nach dem Herbeirufen gekommen, darf man ihn auf gar keinen Fall schelten oder bestrafen; vielmehr ist er für das Herbeikommen zu loben, unabhängig davon, was er zuvor getan hat und inwiefern seine Handlungen von Ihrem Standpunkt aus verurteilenswert waren.

4 Das Kommando des Herbeirufens ist während eines Spaziergangs mehrmals zu wiederholen und durch einige Handlungen zu festigen, zwischen denen man den Hund dann wieder laufen lässt.

! Der häufigste Fehler ist es, das Herbeirufen nur ein einziges Mal während des Spaziergangs zu gebrauchen, nämlich bei seinem Ende.

DRESSUR FÜR DEN FOX

Dabei sollte das Tier die Leine nicht als Signal zur Beendigung der mit dem Spaziergang verbundenen Annehmlichkeiten aufnehmen, sondern als eine der Varianten ihrer Fortsetzung. Während eines üblichen Spaziergangs vergessen Sie es nicht, ab und zu den Hund herbeizurufen, als Vorwand kann jede Lebensnotwendigkeit dienen: das Halsband zurechtrücken, eine Pfote besehen, auch nur einfach streicheln. Nicht schlecht ist es auch, den Hund an die Leine zu nehmen und ihn an einen anderen Ort zu führen, wo man ihn wenigstens für eine kurze Weile laufen lässt oder interessante und für ihn angenehme Übungen mit freigebigerer Unterstützung macht. Bei Beendigung des Spaziergangs ist es nützlich, das Kommando des Herbeirufens durch das Hilfskommando "*Nach Hause*" zu doublieren. Ein guter Tip: Sagen Sie diese Worte in dem Augenblick, wenn Sie die Leine befestigen.

Wird das Kommando des Herbeirufens schlecht befolgt, hängt es ganz von der Stimmung und den Launen des Hundes ab, so kann es durch andere Kommandos ersetzt werden, die das gleiche Ziel erreichen lassen. Das sind die Kommandos "*Sitz*" oder "*Halt*" oder das Kommando "*Bleib*". Man kann auch das so genannte "Sich-Ausrichten" trainieren, bei dem der Hund von jeder Stelle, an der er sich eben befindet, herbeikommt und weiter gemeinsam mit dem Herrn geht. Da fällt es nicht mehr schwer, ihn an die Leine zu nehmen.

Jetzt also werden Sie imstande sein, alle akuten Situationen, die in Ihrem Leben mit dem Hund vorkommen, zu durchdenken, sich das

Der Nutzen steht außer jedem Zweifel: In einem Augenblick, da man keine Zeit zum Nachdenken hat, werden Sie und Ihr Hund einen kühlen Kopf behalten.

DRESSUR FÜR DEN FOX

des Hundes vorzustellen und etwas wie ein Computerprogramm in einer einfachen Sprache – nur fünf Kommandos – vorzubereiten.

Ich versichere Ihnen, es ist nicht gar so schwer, diese Programme zu erarbeiten. Viel schwerer ist es, wie sich herausstellt, eine Situation zu erfinden, für welche diese fünf Programme und ihre Kombinationen nicht ausreichen würden. Diese Aufgabe war sieben Jahre lang eine Trainingsaufgabe für meine Studenten an der Sankt-Petersburger Veterinärakademie. Und niemand hat sie gelöst.

Kann der Fox Ihr Beschützer sein?

Man sollte meinen: Was ist natürlicher für einen Hund als der Schutz all dessen, was ihm im Leben teuer ist: des Herrn, seiner Wohnung, seines Besitzes? Und da der Foxterrier es gewohnt ist, mit starken und großen wilden Tieren zu kämpfen, ist es für ihn eine Leichtigkeit, die gleichen Fähigkeiten auch auf einen bösen Menschen anzuwenden. Warum nicht ausnutzen, was der Hund kraft seines Instinktes selbst wünscht?

Ja, das Leben zeigt, dass dies durchaus möglich ist. Und doch legen die Instinkte für verschiedene Mitglieder einer Meute und für verschiedene Lebenssituationen verschiedene Normen und Regeln fest. Die einen schlagen sich, andere verstecken sich, wieder andere drehen sich in der Nähe, um den Feind abzulenken, und noch andere tun beinahe gar nichts, sie beschränken sich darauf, den wissenderen und erfahreneren „Mithunden" ein Alarmsignal zu geben.

DRESSUR FÜR DEN FOX

Ein starker Hund kann einem Feind wirklich Widerstand leisten und weiß das ausgezeichnet. Ebendeshalb wird er es übrigens nicht eilig haben, unbedachterweise die Grenzen der Notwehr" zu überschreiten, so dass er Ihnen bei Auseinandersetzungen und Strafen die Nerven schonen und Geld sparen hilft.

Ein schwacher, vom Herrn verwöhnter Hund wird dagegen eher weglaufen, wobei er zuvor einen beeindruckenden Hysterieanfall vorführen kann. Das stimmt mit der Logik der Natur voll überein (wenn es auch der menschlichen Moral widerspricht): Um des Wohls der Population und der Art als Ganzes willen ist es für das Tier besser, feige zu sein, aber am Leben zu bleiben und eine Nachkommenschaft zu hinterlassen, als im Gedächtnis seiner Rassegenossen als Held fortzuleben.

Wohlgemerkt: All diese Funktionen sind für das allgemeine Überleben gleich wichtig: Selbst das Fliehen vor dem Feind bedeutet nicht nur die eigene Rettung und die Chance, der Meute in Zukunft nützlich zu sein, sondern auch das Wegbringen der Schwachen und Kinder von der Gefahr. So sieht die kollektive Kampfstrategie einer natürlichen Hundemeute aus und das tun im realen Leben auch unsere Haushunde.

Bei den verschiedenen Rassen sind unterschiedliche Bestandteile des Kampf- und des Schutzverhaltens gefestigt. Und in einer und derselben Rasse werden Hunde, die in ihrer individuellen Entwicklung und Erziehung unterschiedlich sind, ebenfalls unterschiedliche Funktionen ausüben. Ob es aber dem Herrn, der von einem Hund geträumt hat, der die Feinde in die Flucht schlagen und dem Kind Unannehmlichkeiten ersparen kann, gefallen wird, wenn er sich bei Lärm jenseits der Tür nur aufs Bellen beschränkt?

DRESSUR FÜR DEN FOX

Wenn wir schon einen richtigen Schutz brauchen, setzt er aktive und möglicherweise gefährliche Kampfhandlungen voraus, um sich selbst, den Mithund und alles zu retten, was für das normale Leben nötig ist. Begreiflich daher, dass diese Handlungen unmittelbar mit dem Selbsterhaltungstrieb zu tun haben. Das aber bedeutet, dass für einen tätigen Widerstand gegen den Feind die Angst und der Wunsch, die Gefahr zu meiden, überwunden werden müssen. Dann aber braucht man ihm eigentlich nichts Besonderes beizubringen, da wirken die vererbten Automatismen von allein.

Folglich beruht die Schutzarbeit des Hundes nicht auf dem Trainieren technischer Fertigkeiten, sondern auf einer psychologischen Vorbereitung und einer hohen Selbstbewertung.

Und wer, wenn nicht der Echte Foxterrier mit seiner angeborenen hohen Selbstbewertung und dem völligen Fehlen der Angst vor dem Feind, noch dazu mit seinen Zähnen und dem starken Gebiss, eignet sich besser für eine gute Balgerei?

Die Kampfverfahren der Menschen unterscheiden sich, kann man sagen, wenig von den rassebedingten Kampfverfahren eines Foxes, wie er sie bei der Jagd auf einen Bären oder einen Eber benutzt. Es müssen nur die verwundbaren Stellen des Menschen gefunden werden – und dazu sind die Foxe zweifellos fähig. Gestatten Sie mir, jene anatomischen Gebilde des Menschen nicht öffentlich zu nennen, von deren Schmerzhaftigkeit der Fox ausgezeichnet im Bilde ist.

Übrig bleibt nur, den Foxterrier nicht

DRESSUR FÜR DEN FOX

daran zu hindern, ein Echter Vertreter seiner ohne jede Übertreibung heldenhaften Rasse zu sein.

Und noch eine Bedingung: Man muss dem Fox helfen, die Kampfhandlungen vom bösen Tier auf den bösen Menschen umzuschalten. Doch darf nicht angenommen werden, dass das von selbst geschieht.

Hier ist eine wichtige Präzisierung absolut notwendig. Es ist gar nicht schwer, dem Foxterrier beizubringen, wie er um sich herumbeißen und selbst den Menschen "an einer bestimmten Stelle" nehmen muss. Der richtige Schutz ist noch nicht das Streben, immer und überall zu beißen und sich auf das Opfer beim geringsten Anlass oder auch ohne ihn zu stürzen.

Der erste Schritt zu einem vernünftigen Schutz besteht in der Aufdeckung der wirklichen Gefahr und ihrer Trennung von Missverständnissen und folglich nicht in der Reaktion auf ein zufälliges Heben eines fremden Armes, sondern in der Erkenntnis der Absichten des potentiellen Feindes. Und nur das erspart Ihnen übrigens unter Garantie zahlreiche und sehr ernste Unannehmlichkeiten, die sich ergeben, wenn der Hund einem Menschen Schaden zufügt. Zugleich respektiert das Gesetz eine begründete Selbstverteidigung bei einem Überfall. Also ist die Sicherheit der anderen Menschen unter einer einzigen Bedingung mit dem eigenen Schutz zu vereinbaren: wenn der Hund die rein menschlichen Aspekte einer Situation gut versteht.

Aber der Mensch und seine Verhaltensgesetze sind für die Analyse und Erkenntnis ein ungewöhnlich komplizierter Gegenstand. Nicht wahr, es ist doch so, dass auch der Mensch nicht immer einen anderen Menschen versteht? Was soll man da erst von einem Hund erwarten! Das gelingt selbst den deutschen Schäferhunden, die auf jedes Zusammenwirken

DRESSUR FÜR DEN FOX

mit dem Menschen orientiert sind, bei weitem nicht immer. Dem Foxterrier erst mit seinen nicht all zu flexiblen Lebensvorstellungen fällt es sehr schwer, alle Varianten der Handlungen eines fremden Menschen zu berücksichtigen.

Der Schluss drängt sich direkt auf: Wenn Sie aus Ihrem Fox einen zuverlässigen Leibwächter machen wollen, der nichts Überflüssiges unternimmt, doch fähig ist, Ihre Interessen und die Ihrer Angehörigen zu behaupten, muss die Arbeit bereits in der frühen Kindheit des Hundes beginnen.

Lesen Sie noch einmal das Kapitel "Wie wird man ein Echter Forxterrier?" und beachten sie besonders das Alter der Herausbildung von Stereotypen sowie das Alter des Jungtieres (sechs bis sieben Monate), da die Auswahl der eigenen Verhaltensvarianten geschieht und folglich auch die Möglichkeit eines vollständigeren und genaueren Verstehens des Verhaltens eines Fremden herausgebildet wird. Werfen Sie einen Blick auch in die Anhänge, wo Sie die Methodik zur Erziehung eines Welpen finden.

Besonders aufmerksam würde ich an Ihrer Stelle über die Spiele des Welpen nachlesen, denn sie bieten uns kolossale Möglichkeiten, die Entwicklung des Intellektes des Hundes in die uns nötige Bahn zu lenken.

Da der Schutz des Herrn die Überwindung des höchst mächtigen Selbsterhaltungstriebes um der Interessen eines wertvolleren Mitglieds der Gemeinschaft voraussetzt,

DRESSUR FÜR DEN FOX

stützt er sich nicht auf das Einüben welcher auch immer Handlungen, sondern auf die normalen Beziehungen zwischen Hund und Herr. Von den entstandenen sozialen Beziehungen und davon, in welchem Rang der Hund sich sieht, hängt auch unmittelbar der Stil der Vorbereitung auf den Schutzdienst ab.

Der Anführer in der natürlichen Meute hat nicht das Recht auf einen aufopferungsvollen Schutz durch die "Untergebenen". Im Gegenteil, er ist es, der die Strategie bestimmt, die für alle am günstigsten ist; letzten Endes entscheidet er darüber, ob bis zu Ende gekämpft wird oder es angesichts des realen Kräfteverhältnisses doch besser ist, zu weichen und dem Feind nachzugeben. Deshalb entscheidet auch der Herr ("Anführer") erstens über die Notwendigkeit der Verteidigung. Zweitens leitet er unmittelbar die Handlungen des Hundes (der Hunde); und drittens ist er selbst immer bereit, sie zu verteidigen und sich auf den Feind zu stürzen

Die Große Mutter der Meute ist deren höchster Wert, dabei kann sie dem Kampf mit dem Feind nicht unbedingt gewachsen sein. Deshalb ist die Notwendigkeit des Schutzes der Herrin für einen normal entwickelten Hund offensichtlich, die Hauptbedingung für eine gute Arbeit bleibt also nur die Selbstsicherheit, die wir bereits so ausführlich besprochen haben.

Der Schutz der Kinder (Welpen) ist ebenfalls eine normale Aufgabe für einen Hund, der den Rang eines Kämpfers hat. Beachten Sie, wie oft der Hund selbst auf das Wachsamste für das Wohlergehen und die Ruhe gerade des Kindes sorgt, obwohl es in einer Minute der Verwirrung das Kommando gar nicht so lallt, wie es der Papa auf dem Platz gelernt hat. Wenn es sich überhaupt an das Kommando erinnert.

DRESSUR FÜR DEN FOX

Schwieriger ist es mit dem Schutz des Besitzes. Diese Aufgabe ist für den Hund bei weitem nicht selbstverständlich.

Eben deshalb beginnt eine vernünftige Vorbereitung auf jeden Schutz mit der, man kann sagen, klassischen Fertigkeit, die in der Dressur als "Verbindung mit dem Objekt" bezeichnet wird. Was das ist und wie das aussieht, wird Ihnen jeder erfahrene und wissende Dressurfachmann erklären.

Der Schutz der Wohnung hat seine Feinheiten. Damit der Hund Ihre Wohung als sein geheiligtes Territorium betrachtet, ist es absolut notwendig, die territorialen Gesetze des Hundes zu befolgen, insbesondere die Aufteilung der Wohnung in Zonen. Von kolossaler Bedeutung ist das Vorhandensein des richtigen Platzes für den Hund. Wie Sie sehen, geht auch das ohne die artbedingte Psychologie nicht ab. Dennoch gibt es auch hier "kleine Listen", die es erlauben, eine solche Arbeit auf derselben Verbindung mit dem Objekt aufzubauen. Seinerzeit verriet mir W. F. Droschschewski folgenden Trick: Nachdem Sie dem Hund beigebracht haben, jedes Ding zu bewachen, hängen Sie beim Verlassen des Hauses auf die innere Türangel zum Beispiel den Maulkorb und befehlen dem Hund, ihn zu bewachen. Das Ergebnis ist herrlich: Der Hund wird den Einbrecher ins Haus aber auf keinen Fall mehr heraus lassen.

DRESSUR FÜR DEN FOX

Aufspürarbeit

Die Foxterrier sind seit je als ausgezeichnete Fährtenhunde bekannt, insbesondere beim Zoll zum Aufspüren von Drogen, Waffen und Sprengstoffen. Die erforderlichen Eigenschaften für den Fährtendienst erklären sich nicht nur mit dem ausgezeichneten Spürsinn, sondern auch mit der erhöhten Beweglichkeit und den starken Erregungeprozessen im Zentralnervensystem. Hinge alles nur vom Geruchssinn als einem physiologischen Wahrnehmungssinn ab, so könnte jeder Hund, dessen Schnauze nicht kürzer als das Stirnbein des Schädels ist, gute Aufspürdienste leisten. Aber aus irgendeinem Grunde setzt niemand auf Airdaleterrier als Spürhund, während die ihnen im Schnauzenbau ähnlichen Foxe mit Suchfunktionen ausgezeichnet fertig werden.

Es kommt bei dieser Arbeit nicht darauf an, einen Geruch zu fangen, sondern darauf, ihn richtig und fein, nach den geringsten Abstufungen zu erkennen und zu identifizieren. Das Gespür ist nicht dem physiologischen Geruchssinn gleich, sondern setzt vielmehr eine feine Analyse von geringen Informationswerten voraus.

> Folglich werden die Fähigkeiten zur Aufspürarbeit durch Besonderheiten der höheren Nerventätigkeit und die Entwicklung des Intellektes gesichert.

Eine gewisse Komplikation ist dabei die

DRESSUR FÜR DEN FOX

schon mehrmals erwähnte geringe Flexibilität im Verhalten der Foxe. Im Übrigen stört das im praktischen Fahndungsdienst nicht: Um einer zuverlässigen Arbeit willen wird der Hund sowieso bei der Suche nach einem einzigen Geruch eingesetzt, man bringt ihm einen eindeutig gefestigten, wenn auch komplizierten Stereotyp der Reaktion auf den Fund bei.

Wenn Sie ihrem Fox beibringen wollen, jedes von Ihnen verlegte Ding zu suchen oder anhand der Spur das Kind zu finden, ist auch das durchaus möglich. Es gilt nur, das Gespür bei den Kindersuchspielen zu trainieren (siehe Anhang 4) und den vollwertigen Umgang mit dem Hund im Freien nicht zu vergessen. Die Methodik der Ausarbeitung dieser Fertigkeit ist Dressurinstruktoren wohlbekannt und vielfach in verschiedenen Lehrbehelfen beschrieben.

Ehrenwort, es gibt nichts Unglaubliches daran, dass der Fox mit Sicherheit zum Beispiel die Übungen des IPO-Programms meistert, die eine sorgfältige Bearbeitung einer Spur und das Auffinden von Gegenständen mit einem vorgegebenen Geruch, der auf dem Spurenweg hinterlassen ist, voraussetzen.

Im realen Leben ist eine technisch perfekte Ausführung dieser Arbeit gar nicht nötig: Meist kommen weder der Umstand, dass die Spur besonders alt ist (bei guten Fährtenhunden wird diese Zeit in Stunden gemessen), noch die erschwerten Bedingungen (z. B. eine giftgasbelastete Stadtstraße mit einer Unmenge von fremden Spuren) in Frage. Hier möchte ich ein wenig prahlen: Es kam vor, dass meine eigenen Foxe bei der Spuraufnahme und sogar bei der Ermittlung zu realen Raubfällen arbeiteten. Doch selbst die einfachste Arbeit mit der Spur des Herrn stimmt den Hund sehr gut auf wärmere und engere Beziehungen zu ihm ein.

DRESSUR FÜR DEN FOX

Gewisse Warnungen sind hier dennoch angebracht. Bei einer ernsten Arbeit mit der Spurensuche gibt es so viele Nuancen, sind die Belastungen so sorgfältig zu berechnen, dass bei dieser Arbeit das Maßhalten höchst wichtig ist.

> **!** Die Aufspürarbeit belastet das Nervensystem so sehr, dass der Hund bald ermüdet und nervös wird.

Wenn Ihr Hund das ohnehin ist und seine Stimmungen nicht sehr beständig sind, kann die Aufspürarbeit diese Eigenschaften noch verstärken. Das ist eine der Äußerungen des für unsere Arbeit üblichen Paradoxes: Alles, was wir tun, benutzt die individuelle Psyche des Hundes und lässt seine Fähigkeiten nützlich anwenden, andererseits aber kann es jene Bedürfnisse übermäßig entwickeln und jene Besonderheiten verstärken, die wir mildern möchten.

Deshalb würde ich Ihnen raten, es mit der Aufspürarbeit um des reinen Interesses willen nicht zu weit zu treiben oder diese Tätigkeit (wie auch mit den Ausstellungen) durch gewisse besondere Bedingungen zu beschränken.

DRESSUR FÜR DEN FOX

Agility

Diese Art Dressur ist heutzutage große Mode. Es besteht die Meinung, dass sie den Hunden, die nicht eine irgendwie ernste Arbeit leisten, normale Entwicklung und "Lebensfülle" sichert. Und die Foxe erst, diese fast idealen Gesellschafter, sind wie dafür geschaffen, sich in Agility auszuzeichnen. Die energischen, gescheiten, höchst beweglichen und sehr springlustigen Foxe sind nicht selten Favoriten der Wettbewerbe in dieser Dressurart – und noch häufiger die Lieblinge des Publikums.

Diese Art der Hundearbeit gleicht am meisten dem Concours hippique, der Überwindung von komplizierten, in verworrener Linie liegenden Hindernissen bei großer Geschwindigkeit. Das Beste an Agility ist die allgemeine Zugänglichkeit (unabhängig von Rasse und Größe des Hundes), vor allem aber der feinste Kontakt zwischen Hund und Herr. Der Hund nimmt den Wettbewerb ohne die Leine, ja ohne ein auch nur leichtes Halsband, und der Herr darf weder ein Taschentuch noch eine Brille oder einen Kugelschreiber in den Händen halten. Nur der Stimme und den kleinen Zeichen des Herrn folgend, muss der Hund die ganze Distanz in minimaler Zeit und ohne Strafpunkte zurücklegen. Die Reihenfolge der Überwindung der Hindernisse wird erst beim Start bekannt, dabei sind die Forderungen an die Perfektion der Ausführung sehr hoch.

Das ist ein ungewöhnlich publikumswirksamer Wettbewerb, der nicht nur den Zuschauern, sondern auch den Teilnehmern viel Freude macht. Man braucht nur die strahlenden Gesichter

DRESSUR FÜR DEN FOX

der Herren zu sehen, die sich am Anblick ihrer Hunde ergötzen, welche so schön und geschickt die schweren Hindernisse überwinden! Und der Stolz der Herren auf die Schönheit und die Sportleistungen ihrer Lieblinge ist ein mächtiger Stimulus für die Hunde. Steht man zu dieser Beschäftigung als zu einer Sportsektion oder einer Art der Arbeit des Hundes, so kann Agility jahrelang sowohl die Menschen als auch die Hunde erfreuen. Nur darf man darin nicht den Lebenszweck oder eine Methode zur Entwicklung von Intellekt und Psyche des Hundes sehen.

Was man auch sagen mag, aber Agility beruht doch auf Stereotypen, auch wenn sie zur Kategorie der so genannten komplizierten dynamischen Stereotypen gehören. Sie stellen komplexe Verhaltensformen dar, in denen die Reihenfolge der elementaren Handlungen je nach einigen Bedingungen variiert.

Und doch, und doch! Der Stereotyp bleibt immer nur ein Stereotyp und setzt keine Selbstständigkeit beim Treffen von Entscheidungen voraus.

Ich will es nicht bestreiten, komplizierte Handlungen erfordern ein bestimmtes Nachdenken, aber nur auf der Etappe der Aneignung – und das nicht mehr als von einem Gymnasten bei der Vollführung einer Übung auf dem Turnpferd erforderlich ist. Aber während der Vollführung und der Teilnahme an den Wettbewerben gibt es keine Zeit zum Überlegen, dieses ist sogar überflüssig, weil unzeitgemäße und unangebrachte Überlegungen sowie unnötige selbstständige Entscheidungen die Sportleistungen stark mindern können.

DRESSUR FÜR DEN FOX

! Deshalb behindert eine übermäßig aktive Beteililgung an Agility die Ausarbeitung der Selbstständigkeit und bewirkt den Verlust der Selbstbewertung in allen Lebenssituationen.

Sie werden mir zustimmen: Es ist eine Sünde, den Fox in einen Zustand zu stürzen, der dieser Rasse absolut nicht eigen ist. Und die Besitzer der Hunde können meist die Verbindung nicht verstehen zwischen auswendig gelernten Verhaltensvarianten und der Verwirrung des Lieblings z. B. auf der Straße oder bei der Begegnung mit unbekannten Menschen und Hunden.

Dennoch ist die Vorbereitung auf Agility, wie jede sportliche Vorbereitung, für das reale Leben sehr nützlich. Ein Hund, dem die Überwindung von Hindernissen beigebracht ist, wird nicht versagen, wenn es gilt, eine Grube über eine ganz schmale Brücke zu überwinden, von einem niedrigen Bahnsteig in einen Wagen der Stadtbahn zu springen, ein Rohr zu durchlaufen oder sich von Lappen zu befreien. Außerdem gibt es hier einen weiteren Vorzug: Der Hund gewöhnt sich daran, die Kommandos des Herrn aus der Entfernung zu befolgen.

UND NOCH ZUM SCHLUSS: ICH WÜNSCHE IHNEN VON GANZEM HERZEN, ALLE VON MIR AUFGEZÄHLTEN UNANNEHMLICHKEITEN ZU VERMEIDEN UND EINEN ECHTEN FOX ZU ERZIEHEN!

ANHÄNGE

Anhang 1.

Richtige Futterration eines Welpen und eines erwachsenen Foxterriers (g/Tag)

	Welpe 1,5 Monate	Welpe 6 Monate	Erwachsener Fox
Rindfleisch +	46,7	74,2	55,44
Leber	15,5	24,7	7,7
od. Fisch, gekocht	70,0	111,3	84,7
Quark	38,9	61,8	19,25
Buchweizen	101,2	160,8	73,15
od. Hirse	101,2	160,8	77
od. Hafenflocken	93,4	148,5	77
Mohrrüben	35,0	55,6	11,55
Weißkohl	73,9	117,5	19,25
Rote Rüben	23,3	37,1	7,7
Tierfett	2,7	4,3	2,695
Hefe	1,5	2,4	1,54
Kleie	5,0	8,0	7,161
Kochsalz	1,5	2,4	1,54

Anmerkungen zur Futterration:

1. Fleisch: praktisch jede Sorte, ausgenommen Schweinefleisch (dieses ist in jeder Form verboten).

2. Fisch: Seefische, gekocht, entgrätet.

3. Quark steht für alle Sauermilcherzeugnisse (frische Milch ist verboten); sehr gut wäre es, dem Hund Bifidoprodukte mit einem Fettgehalt bis 1,5 Prozent zu geben. Um die entsprechende Kefirmenge zu errechnen, ist die Quarkmenge mit 8 zu multiplizieren. Frische Milch wird den Hunden nach 3 – 4 Monaten **NICHT VORGESETZT!**

4. Hafenflocken werden für die Hunde **NICHT GEKOCHT**, sondern nur abgebrüht!!!

5. Gemüse: neben den erwähnten Arten praktisch beliebige und in jeder Menge. **Verboten sind nur KOCHKARTOFFELN** (Rohkartoffeln sind in geringen Mengen recht nützlich) und Hülsefrüchte, auch scharfe Gemüsearten wie Rettich und Meerrettich. Sehr nützlich sind Sauerkohl, Kürbisse und Melonenkürbisse.

6. Fett: wird nur hinzugefügt, wenn das Fleisch völlig mager ist.

7. Salz: trotz aller Vorurteile unbedingt nötig!

Anhang 2.

Fütterungsregeln

1 Der Hund darf nicht überfüttert werden, damit er nicht auf den Gedanken kommt, wählerisch zu sein, nur das zu fressen, was er mag, oder erst recht auf das Fressen zu verzichten.

2 Die Tageshäufigkeit der Fütterungen muss dem Alter und der Kondition des Tieres entsprechen. Junge Hunde werden bis zu sechsmal, erwachsene zweimal am Tage gefüttert.

3 Am zweckmäßigsten ist es, das Füttern nicht mit einer fixierten Uhrzeit zu verknüpfen, sondern zum Beispiel mit einem Spaziergang, dessen Dauer durch die Lebensweise der Herren bedingt ist. In der Zeit, da der Welpe zur Sauberkeit erzogen wird, trägt man ihn nach der Fütterung ins Freie, während es für einen erwachsenen Hund praktischer ist, erst nach dem Spaziergang gefüttert zu werden.

4 Der Futternapf wird für einige Minuten hingestellt (bis der Hund zum erstenmal davon abgeht), worauf die Reste weggestellt werden und die gewöhnliche Portion um die nicht aufgefressene Nahrungsmenge vermindert wird.

5 Es ist **streng verboten**, dem Hund den Napf während des Fressens wegzunehmen; wenn die Notwendigkeit besteht, den Napf wegzunehmen, wird das Kommando "Gib!" oder (schlechter!)

6 Falls das Tier kein Interesse am Fressen zeigt, sich damit Zeit lässt, vom Napf weggeht und auf hochwertige Nahrungsmittel verzichtet, wird der Napf weggestellt, und bei der nächsten Fütterung wird dem Hund die Nahrung von der gleichen Zusammensetzung vorgesetzt.
Niemals darf der Napf mit Futter stehen gelassen werden, bis der Hund Hunger bekommt und alles auffrisst – das wäre ein sehr grober Fehler!

7 Das nächste Mal wird der Hund **nur** zur gewonten Zeit und keineswegs früher gefüttert.

8 Vor dem Füttern wird der Hund (der Welpe ungefähr ab anderthalb Monaten) vor den Napf hingesetzt oder hingelegt. Unzulässig ist es, wenn der Hund ohne Erlaubnis des Herrn plötzlich vom Platz aufspringt, hin und her läuft und die Futterzubereitung stört.

9 **Der Hund darf mit dem Essen (so hungrig er auch sein mag) nur nach dem klar ausgedrückten Kommando des Herrn beginnen ("Fressen", "Jetzt darfst du" usw.).**

Anhang 3.

Ausdrucksmittel der Hunde

BEGRÜSSUNG VON BEKANNTEN.

Wedeln mit dem Schwanz. Ein sichtlich jüngerer Hund kann die Schnauze eines älteren Hundes (oder das Gesicht des Menschen) belecken, **angefangen mit den Lippen und der Nase bis zu den Ohren.** Das Hinterteil des jüngeren Hundes hebt sich, der ältere richtet sich ein wenig auf den Vorderpfoten auf und hebt den Kopf. Der jüngere Hund stößt mit der Nase den Älteren. Möglich sind beliebige Äußerungen der Verspieltheit oder eine Demonstration der Stärke.

Charakteristische Laute: leises Jaulen und Winseln, "Triller" oder kurzes helles Bellen beim jüngeren, bassartig tiefes Knurren beim älteren Hund.

BESCHNÜFFELN BEI DER BEGEGNUNG MIT EINEM UNBEKANNTEN.

Die Hunde nähern sich einander, wobei sie klar den Grad der Selbstsicherheit und Selbstbewusstheit ausdrücken (Hochstellen der Rute, gespannter Rücken, Stellung von Kopf und Ohren, leichtes Hochstemmen des Vorderkörpers). Beim Beschnüffeln hebt der Hund, das sich für älter hält, den Schwanz hoch, der jüngere Hund senkt ihn. Das Beschnüffeln kann sich vielfach wiederholen. Der als der ältere anerkannte Hund stellt **als letzter** sein Hinterteil zum Beschnüffeln dar. Sind die Beziehungen nicht geklärt, kommt es zur Demonstration der Stärke.

Charakteristische Laute: kurzes Knurren in mittlerer Tonhöhe.

GÖNNERSCHAFT DES ÄLTEREN HUNDES.

Hoch erhobener, leicht wedelnder Schwanz. Die Ohren sind steif, gespannt, bisweilen mit den Muscheln seitlich gerichtet. Der Rücken ist gerade. Der Hund steht hoch auf den Beinen. Nicht selten beleckt der ältere Hund das Maul des jüngeren, **angefangen mit den Ohren und der Stirn**, oder umfasst die Schnauze mit dem Rachen von oben (vom Nasenrücken an), ohne die Zähne zusammenzubeißen.

Charakteristische Laute: sanftes und gedehntes bassartig tiefes Knurren.

ANERKENNUNG SEINER UNTERSTELLUNG (besonders bei Welpen und Jungtieren).

Langes, "nachdenkliches" Beschnüffeln der perianalen Drüsen des älteren Hundes. Unterwürfigkeitspose: gesenktes Hinterteil, der Schwanz ist zu den Hinterbeinen gesenkt und vollführt häufige Schwankungen – vom leichten Erzittern bis zum ausgesprochenen Wedeln. Der Welpe kann sich flach auf die Erde werfen und sogar umwälzen und auf den Rücken legen. Ein Jungtier kann von der Demonstration der Unterwürfigkeit zur Imitation eines Bisses oder zur Herausforderung übergehen.

Charakteristische Laute: leises hohes Jaulen und Winseln, eventuell Keuchen.

Ein erwachsener Hund, der sich als der jüngere anerkennt oder sich in einer Beißerei ergibt, stellt sich seitlich hin und wendet den Kopf seitlich ab, so das er die Seitenoberfläche des Halses und dessen Basis unter die Schnauze des älteren hinhält.

ANGST.

Die Ohren sind an den Kopf gedrückt, die Mundecken nach unten gezogen, die Schnauze ist von unten nach oben gebogen, als wollte der Hund unter die Schnauze des stärkeren Partners tauchen. Die Stirn ist geglättet. Der Hals beinahe horizontal gestreckt. Der Rücken gebeugt, gekrümmt, das Hinterteil zusammengezogen. Der Schwanz ist zwischen die Hinterbeine eingezogen, unbeweglich oder ab und zu aufzitternd. Der Hund kann sich auf die Erde setzen (das wird in Anwesenheit des Herrn beobachtet).
Charakteristische Laute: leises Winseln (je höher der Ton, desto größer die Angst).
Bei Hunden mit psychischen Störungen ist das Zähnefletschen und die Anfangsbewegung eines Bisses zu beobachten. Abgeschwächte Äußerungen der Angst werden als UNTERWÜRFIGKEIT, LIEBEDIENEREI ausgelegt.

AGGRESSIVE ABSICHTEN, DROHUNG.

Grimassen, die die Stoß- und die Schneidezähne entblößen. Die Ohren sind steif nach vorne gerichtet und sehr gespannt. Auf der Schnauze bilden sich Falten, die Nasenspitze ist nach oben gerichtet, die Stirn zeigt horizontale Falten. Das Fell auf dem Widerrist und längs des Rückens (längs des "Riemens") gesträubt. Der Blick gerade, scharf, fest. Der Hund richtet sich möglichst hoch auf den Vorderbeinen auf und vollführt manchmal schroffe und starke Stöße mit den Hinterbeinen ("scharrt die Erde"). Die Bewegungen sind demonstrativ "hochmütig" und verlangsamt; kennzeichnend sind die Absicht, sich seitlich zum Partner zu stellen, und eine bogenartige Bewegung. Nach der aktiven Demonstration der Stärke kann die volle Unbeweglichkeit eintreten, worauf sich die Demonstration erneuert.

Charakteristischer Laut: bassartig tiefes Knurren.

BEDROHUNG DES JÜNGEREN DURCH DEN ÄLTEREN.

Die anfängliche Angriffsbewegung: ein starker Stoß der Hinterbeine und der Vorstoß nach vorne, um den Anderen mit der Brust zum Umfallen zu bringen. Keine Gefahr. Charakteristisch ist ein sehr kurzes dumpfes Knurren.

AUFFORDERUNG ZUR UNTERWERFUNG UND HERAUSFORDERUNG ZUM KAMPF.

Der ältere Hund hängt gleichsam über dem jüngeren, bemüht, die eigene Schnauze über dem des anderen zu halten. Das Mienenspiel erinnert an eine schwache Demonstration der Aggression. Mögliche Variante: Anspruch des jungen Hundes in der Zeit der Festlegung des sozialen Ranges zum Dominieren: ein Versuch, die Deckhaltung eines Rüden zu imitieren, bei der die Vorderpfoten von hinten auf den Rücken gestellt werden (sieht bei beiden Geschlechtern gleich aus). Ob es zu einer Schlägerei kommt, hängt vom Verhalten des Partners und der Selbstbewertung ab. Der Unterschied von einer Aggression besteht darin, dass diese Bewegungen nicht selten "mit einem Lächeln" und ohne drohendes Knurren ausgeführt werden. Beachte: **Diese Ritualhaltung hat mit Sex nichts zu tun und erinnert an ihn nur der Form nach.**

VOLLE ÜBERZEUGUNG VOM EIGENEN DOMINIEREN (ohne Aggression).

Das Hinterteil wird zum Beschnüffeln hingestellt. Die Rute steht hoch, ist sehr gespannt, unbeweglich. Der Rücken gerade. Der Kopf erhoben. Die Ohren sind aufgestellt. Wird **schweigend** ausgeführt.

AUFMERKEN, BEREITSCHAFT ZUR UNTERORDNUNG.

Erinnert äußerlich an die Anerkennung der eigenen Unterstellung, hinzu kommt noch die seitliche Wendung der Ohren. Manchmal werden die Ohren **zurückgelegt und seitlich** gestellt, was eine gewisse Angst verrät.

FREUNDLICHKEIT, AUFFORDERUNG ZUM SPIEL.

Ein charakteristisches "Lächeln" auf der Schnauze: Die Mundecken gehen auseinander, der Unterkiefer ist ein wenig gesenkt, der Rachen leicht geöffnet, aber die Zähne sind durch die Lefzen verdeckt. Wedeln des Schwanzes, der Kopf nickt. Der Blick ohne Angst, heiter. Nicht selten legt sich der Hund flach auf die Erde, möglich ist starkes Anstoßen des Partners mit der Nase. Die Ohren: Beim älteren Hund ein wenig aufgestellt und eng aneinander gelegt, beim jüngeren zurückgelegt. Je höher der jüngere Hund seinen Schwanz hebt, desto größer ist sein Vertrauen zum älteren. Charakteristische Laute: Keuchen, leises kurzes Aufbellen in hoher Tonlage, manchmal nicht ohne Knurren.

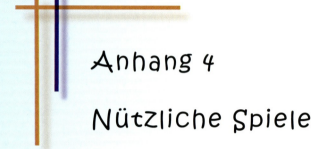

Anhang 4

Nützliche Spiele

"Laduschki".

Ein Spiel, beruhend auf den Händebewegungen und den Berührungen der Vorderpfoten des Hundes.

Die Effektivität dieser Methode ist dadurch bedingt, dass die Einstellung zur Berührung der Vorderpfoten ein Zeichen des Vertrauens des Hundes zum Menschen ist. Zugleich konzentriert sich der Hund auf den Handlungen des Herrn, seine Beobachtungsgabe gegenüber dem Menschen entwickelt sich. Ein weiteres positives Ergebnis dieses Spiels ist die zusätzliche Entwicklung der räumlichen Orientierung des Hundes.

Es gibt zwei Grundvarianten des Spiels.

Hier die eine: Der Herr klopft den Hund leicht an den Vorderpfoten und hält sie leicht mit der Hand zusammen. Der Hund kann die Pfoten zurückziehen und sogar versuchen, damit auch selbst die Hand des Herrn zu berühren.

Die zweite Variante: leises Händeklatschen an verschiedenen Seiten des Hundekopfes. Indem sich der Hund umblickt, vollführt er eine Bewegung mit dem Kopf zur Hand des Herrn. Diese Anfangsbewegung des Zugriffs wird gefördert, aber es ist verboten, den Herrn in die Hand zu beißen.

Das "Laduschki"- Spiel wird für die Entwicklung von Welpen angefangen mit einem Alter von anderthalb bis zwei Monaten angewandt.

"Raumdurchsuchung".

Auf dem Boden weden mehrere (höchstens fünf oder sechs) Leckerbissen verteilt, einer davon wird dem Hund zum Beriechen vorgehalten. Hierbei wird das Kommando "Riech!" gegeben, gefördert durch lobende Worte und Wiederholung, ebenso wie bei der Ausarbeitung jeder Fertigkeit ("Gut, braver Kerl, riech!"). Dann wirft der Herr vor den Augen des Hundes das berochene Stück in Richtung der anderen, die über den Boden verteilt sind. Es folgt das Kommando "Such". Jedes gefundene Stück dient als Belohnung für die Bemühungen um das Finden, und der Herr lobt den Hund zusätzlich. Bei jeder Schwierigkeit hilft der Herr dem Hund, indem er zeigt, wo sich das Stück befinden kann. Die Hauptaufgabe des Hundes ist es, **alle** vom Herrn verstreuten Stücke zu finden.

Das trägt zur Konzentration der Aufmerksamkeit auf die Handlungen und zur Verlängerung des Aufmerksamkeitsvermögens binnen der erforderlichen Zeit bei.

Die Zahl der Stücke variiert je nach dem Wunsch des Herrn. Am Ende des Spiels, sobald alle Stücke aufgesammelt sind, gibt der Herr dem Hund die Leckerbissen aus seiner Hand zu fressen und lobt ihn ausgiebig für die Erfolge. Das Spiel wird komplizierter, wenn die Stücke weiter voneinander, auf den Möbelstücken, hinter oder unter den Gegenständen usw. verteilt werden.

In der nächsten Etappe werden die Leckerbissen durch **gleiche** Gegenstände ersetzt, die beim Hund nicht so viel Interesse finden wie Essbares. Angewandt werden können Apportierstöcke oder speziell genähte, mit Watte oder Stoffresten ausgestopfte kleine Kissen.

Nach dem Übergang zum Aufsammeln der Gegenstände kann das Spiel auch in der Straße (Variante **"Durchsuchung der Gegend"**) trainiert werden.

Die Spiele der "Durchsuchungs" - Gruppe eignen sich für drei bis vier Monate alte Welpen.

"Auswahl nach Geruch".

Sechs Stöcke oder Kissen, die auf der vorherigen Etappe als ununterscheidbare Gegenstände genutzt wurden, werden paarweise abgezeichnet (zum Beispiel durch mit **ein und demselben** Filzstift geschriebene Ziffern) und mit drei unterschiedlichen Gerüchen durchtränkt.

Dazu genügt es,
das Paar der Gegenstände Nr. 1 einige Stunden lang in einem Säckchen mit Dill,
das Paar Nr. 2 in einem mit Petersilie
und das Paar Nr. 3 in einem mit Sellerie zu halten.

Verteilt werden **alle** Gegenstände, einer davon wird zum Beriechen vorgehalten.

Der Hund soll unter allen vorliegenden Gegenständen jenen auszuwählen, der dem Geruch nach das Paar zu dem anderen bildet. Die Aufgabe ist um so schwieriger, je kürzer die Abstände zwischen diesen Gegenständen sind. Dann kann zu einer willkürlichen Zahl von Gegenständen übergegangen werden.

In der letzten Etappe werden die Gegenstände in einer Reihe hingelegt, wobei der zu suchende Gegenstand seinen Ort wechselt.

Die "Auswahl" wird bei Welpen ungefähr ab fünftem Monat angewandt.

"Überraschungsschachteln".

Benutzt werden zwei bis fünf Schachteln, ungefähr so groß wie der Kopf des Hundes. In den Schachteln können kleine Löcher angebracht werden, die die Geruchswahrnehmung erleichtern. Unter eine der Schachteln kommt ein Leckerbissen mit einem für den Hund verlockenden Geruch. Der Hund hat zu bestimmen, unter welcher der Schachteln der Leckerbissen liegt.

Die räumliche Verteilung der Schachteln und selbstverständlich der Ort des Stückes werden nach dem Willen des Herrn gewechselt. Zur Komplizierung des Spiels wird die Zahl der Schachteln erhöht und zugleich mehr als nur ein Leckerbissen benutzt.

Der Herr hilft dem Hund aktiv, das Stück zu finden, und gibt ihm nach Beendigung des Spiels, sobald alle Stücke gefunden worden sind, die Leckerei aus der Hand zu fressen.

Dieses Spiel eignet sich für vier bis fünf Monate alte Welpen.

Kommentar.

! Der Fähigkeit des Hundes, seine Erregung zu beherrschen, dient die Anwendung der Methode des "*Umschaltens*". Dazu wird im Verlaufe jedes Spiels, das den Hund etwas erregt, bei steigender Erregung das Kommando "Sitz" (für Hunde mit überhöhter Selbstbewertung "Lieg") gegeben. Wenn nötig, kann der Hund mit der Hand zurückgehalten werden, doch ist anzustreben, dass der Hund das Kommando selbstständig ausführt. Die Pause des Zurückhaltens wird allmählich verlängert, besonders langsam im Intervall von fünf bis 20 – 30 Sekunden. In der zweiten Etappe wird die Erhöhung des Erregungsgrads geübt, bei dem der Hund imstande ist, das hemmende Kommando auszuführen.

Anhang 5

Methodik zu einer optimalen Herausbildung der Psyche des Hundes im ersten Lebensjahr

(ausgearbeitet gemeinsam mit Ju. W. Kriwolaptschuk)

ERSTER LEBENSMONAT
(SÄUGEZEIT)

Kurze Charakteristik der Periode:

Aktivierung der Analysatoren und Vervollkommung der sensorischen Wahrnehmung; Entwicklung des Radius der Wahrnehmung der Umgebung von 1 – 2 bis 5 – 7 Körpergrößen; Entwicklung der Bewegungen vom Kriechen bis zum Laufen; aktive Sammlung von Informationen über die Umgebung; die ersten Erfahrungen beim Umgang mit dem Menschen während der Zusatznahrung.

Führende Bedürfnisse: alle physiologischen; Informationsbedürfnis.

Reaktionsnorm: Ausgeprägtes Überwiegen des Fressverhaltens; hohe Erforschungsaktivität; schwache Aktivität der Verteidigungreaktion; das Sexual-und das passive Verteidigungsverhalten fehlen.

Rolle des Menschen: Gewährleistung der Sicherheit, Pflege, Zusatznahrung, geringfügige Teilnahme an der Erforschungstätigkeit.

Notwendige Maßnahmen:
- "Spaziergänge" außerhalb des Nestes unter der Kontrolle der Mutter und des Menschen;
- Einbringen von Spielsachen und kleinen Gegenständen ins Nest;
- taktiler Kontakt mit dem Welpen (leichtes Streicheln, Stützen des Welpen mit den Händen);

Fressenlassen aus der Hand, was den Welpen auf den Geruch des Menschen orientiert; Stimmenkontakt unter Nachahmung von Lauten der Hundemutter; Herbeirufen zum Fressen durch einen speziellen Laut (Händeklatschen, Pfiff, Schnalzen u. ä.);
- Im Alter von drei Wochen - Bekanntmachen mit dem Raum (Überführung ins Gehege mit gleichzeitiger Einteilung in Funktionszonen: Schlafen, Spielen, Hygiene);
- erstes Bekanntmachen mit anderen Menschen.

Hauptfertigkeiten:
- selbstständiges Fressen, das alle wichtigsten Nahrungsarten einschließt;
- sicheres Herbeikommen beim bedingten Signal des Herbeirufens;
- Bekanntschaft mit dem Verbotskommando ("Nein!");
- Bekanntschaft mit der Stimme und Sprache des Menschen;
- Bekanntschaft mit dem Wohnungsraum;
- Bekanntschaft mit den alltäglichen Ereignissen;
- Vorstellung von fremden Menschen;
- Interesse für Spielsachen und andere Gegenstände.

ZWEITER LEBENSMONAT

Kurze Charakteristik der Periode:

Wechsel des Herrn und Wegnahme von der Mutter; als Folge die Notwendigkeit einer wiederholten Anpassung an ein neues Lebensmilieu; Erweiterung des Umfangs des Raumsinnes; Aktivierung der vererbten (art- und rassebedingten) Verhaltensstereotypen; Herausbildung von typischen Reaktionen auf Ereignisse im realen Milieu; Entwicklung des Raumsinnes; Vervollkommnung des Kontaktes mit dem Menschen.

Reaktionsnorm: analog zum ersten Lebensmonat.

Rolle des Menschen: Pflege, Erleichterung der Anpassung an die neuen Bedingungen, Teilnahme an der Erforschungstätigkeit, gefühlsmäßiges Miterleben.

Notwendige Maßnahmen und Fertigkeiten:
• dem Hund seinen Namen und dessen Varianten (Kose- und Verkleinerungs-, ärgerlich-drohender Name u. ä.) angewöhnen;
• den Ort und einen längeren Aufenthalt an diesem Ort angewöhnen;
• Ausarbeitung des Herbeirufens auf das Kommando "Komm" hin;
• endgültige Herausbildung des Verbots (Kommando "Nein");
• verstärkte Orientierung auf den Menschen vermittels des "Fütterns nach den Regeln";
• Nutzung von Spaziergängen zur Entwicklung der räumlichen Orientierung; obligatorisch sind Spaziergänge

mit selbstständiger Fortbewegung: auf dem Hof, auf der Straße:
• Entwicklung von Hemmungsprozessen durch das Kommando "Sitz";
• Bekanntschaft mit den Verhaltensregeln in der Familie: Beibringen der anfänglichen Kriterien der Auswahl von Verhaltensvarianten und der Analyse der Situationen;
• Bekanntschaft mit den Besonderheiten und Funktionen von Gegenständen, mit ihren räumlichen Verhältnissen;
• Entwicklung der emotionalen Orientierung auf den Menschen mit gleichzeitiger Regulierung der Stereotypen der Futtergewinnung vermittels des Kommandos "Tut weh";
• Bei der Erziehung von Show-Hunden beginnt in diesem Alter die Ringdressur (Haltung, Vorzeigen der Zähne, Bewegung).

VIERTER UND FÜNFTER LEBENSMONAT

Kurze Charakteristik der Periode:

erhöhte Erregbarkeit und Labilität der Psyche; altersbedingte Ängste; Notwendigkeit der primären Sozialisierung; Erweiterung der körperlichen Möglichkeiten; Entwicklung der Bewegungskoordination und des Raumsinnes.

Reaktionsnorm: ausgesprochenes Überwiegen der passiven Verteidigungsreaktion: ausdrückliche Fress- und Erforschungsreaktion; Imitation des Sexualverhaltens; aktive Verteidigungsreaktion fehlt.

Rolle des Menschen: Sorge für den Schutz des Welpen mit Herausbildung der richtigen Reaktionen auf Ereignisse (unzulässig sind in einer für den Welpen unruhigen Situation übermäßige Emotionalität, die die Ängste verstärkt und festigt).

Notwendige Maßnahmen und Fertigkeiten:
• die wichtigsten Kommandos der Verhaltenslenkung ("Sitz", "Komm", "Platz", "Lauf", "Aus" /"Nein");
• Spiele mit Gegenständen;
• Suchspiele;
• Spiele mit dem Menschen;
• Perzeption der menschlichen Rede;
• endgültige Herausbildung der Verhaltensnormen für Standardsituationen.

SIEBENTER UND ACHTER LEBENSMONAT

Kurze Charakteristik der Periode:

physische Entwicklung – 90%; endgültige Entwicklung der Bewegungen und des Raumsinnes; völlige körperliche Selbstständigkeit; Erhöhung der Aktivität im Verhalten; Sozialisierung nach dem Typ der Jungtiere mit Unterwerfung unter die erwachsenen Meutemitglieder; Bestimmung des wünschenswerten, des unerwünschten und des zulässigen Verhaltens gemäß den Forderungen des Herrn; Festlegung einer Balance von Selbstständigkeit und Unterstellung; Herausbildung der Selbstbewertung.

Reaktionsnorm: ausgeprägt sind alle Hauptreaktionen mit schwachem Überwiegen des Sexualverhaltens und des Verhaltens des Dominierens.

Rolle des Menschen: Lenkung der Aktivität und Formieren der Unterwerfung des jungen Hundes unter die Forderungen des Herrn (besonders zu beachten ist die Unzulässigkeit von konfliktgeladenen Erziehungsmethoden).

Notwendige Maßnahmen und Fertigkeiten:
- alle notwendigen Fertigkeiten des Kurses des allgemeinen Gehorsams; vorsichtige Arbeit mit Trainings- und sonstigen Sportgeräten (unter Berücksichtigung der physischen Möglichkeiten und der Einwirkung auf die Selbstbewertung);
- Training der Ausgewogenheit von Nervenprozessen durch Wechseln von Erregung und Hemmung;
- Entwicklung des Meute- und des territorialen

- Durcharbeitung des Gehorsams als Garantie der Interessen des Hundes;
- volle Lenkung des Verhaltens des Hundes in nicht standardmäßigen Situationen;
- Ausarbeitung der endgültigen Orientierung auf den Herrn.

ZEHNTER BIS ZWÖLFTER LEBENSMONAT

Kurze Charakteristik der Periode:

endgültige Sozialisierung in den Beziehungen sowohl innerhalb der Art als auch zu anderen Arten; Herausbildung aller wichtigsten Verhaltensformen (darunter auch der Verhaltensstrategien).

Reaktionsnorm: ausgeprägt sind die Hauptreaktionen mit bedeutendem Überwiegen des aktiven Verteidigungs- und des Sexualverhaltens; passive Verteidigungsreaktion fehlt.

Rolle des Menschen: Lenkung des Verhaltens des Hundes, wobei ihm in bereits bekannten Situationen Selbstständigkeit gewährt wird; allmähliche Erweiterung des Kreises der getroffenen Entscheidungen unter Einmischung nach dem Prinzip "Fehlerverbesserung".

Notwendige Maßnahmen und Fertigkeiten:
- Überprüfung der Verhaltenslenkung mit der Festigung der Rolle des Menschen als Anführer;
- Beginn des funktionalen Anlernens;

- Gebrauch synonymischer Kommandos;
- abermaliges Anlernen mit der Herausbildung von adäquaten Reaktionen auf Ereignisse;
- Entwicklung des Verständnisses für das Verhalten eines Fremden;
- Übertragung der Lenkung auf andere Familienangehörige ("Wachablösung")
- Entwicklung der Verantwortung für den Menschen;
- Entwicklung der Selbstständigkeit und Initiative im Verhalten im Rahmen der allgemeinen sozialen Normen;
- endgültige Herausbildung der Beziehungsstruktur in der Familie ("Meute").

Anhang 6.

Für jeden Familienhund nützliche Übungen

Kommentar.

Am ehesten scheint Ihnen vieles genau das zu sein, was auch auf Dressurplätzen getan wird.

Ja, die Übungen beruhen auf den für den Hund notwendigsten Kommandos, nur dass die Ziele anders sind. Uns geht es nicht um ihr Einüben bis zur technischen Perfektion, sondern darum, wie diese Handlungen auf die innere Verfassung und die Psyche des Hundes wirken. Außerdem darum, sich den Hund durch das Training **konfliktfreier** Methoden unterzuordnen.

So organisieren die eigenen Bewegungen und ihre Beherrschung ausgezeichnet die Nervenprozesse "auf elementarer Ebene" und trainieren das Nervensystem auf Ausgeglichenheit.

Deshalb sind selbst geringe Veränderungen in der Verfassung des Hundes zu verfolgen. Ziel ist es, einen aktiven, doch ruhigen und arbeitsfähigen Zustand des Hundes zu erreichen und diesen Zustand eine Zeitlang aufrechtzuerhalten.

Eben das sollte Ihr Ziel bei den Übungen sein. Alle neuen und die komplizierten alten Übungen werden erst gelernt, wenn die "Hochkondition" erreicht worden ist.

Wenn Sie für das Training eine Stunde erübrigen können, sind es die zwanzig Minuten in der Mitte der Stunde; die ersten zwanzig Minuten dienen dem allmählichen Aufwärmen, die letzten zwanzig Minuten einer ebenso allmählichen Verminderung der Belastungen.

Inwiefern die Belastungen richtig verteilt wurden, zeigt das Verhalten des Hundes nach der Rückkehr nach Hause: Im Idealfall fällt der Hund nicht vor Erschöpfung um, ist ein paar Minuten aktiv, läuft jedoch nicht hin und her und spielt nicht, vielmehr begibt er sich nach etwa `zwanzig Minuten` zu seiner Schlafstelle.

Und noch etwas.

Im Verlaufe der Dressur wird zum Kommando "Fuß" die Technik vervollkommnet, doch geschieht das auf einer Geraden oder im Kreis. Für das reale Leben aber kommt es nicht darauf an, um wie viele Zentimeter der Hund vorausgeht, sondern darauf, dass er **(1)** nicht den Herrn hinter sich zerrt und, Gott behüte, zum Hinfallen bringt; **(2)** die Kommandos und die Handlungen des Herrn verfolgt: Wenden, Geschwindigkeitsveränderungen (nur allmähliche!), die Absicht, stehenzubleiben. Somit eignet sich der Hund bei diesen einfachsten Übungen "zwischendurch" (in Wirklichkeit ist das das Hauptziel!) die ständig aufmerksame Haltung gegenüber dem Herrn an.

Es kann sein, dass der Hund eine Übung **nicht** ausführen **will** (ist müde, hat es über). Dann wird er absichtliche Versuche unternehmen, Sie abzulenken: Er wird die Leine nach einer Seite ziehen, etwas beschnüffeln, alles ringsum beachten usw. `In diesem Fall ist es absolut notwendig, noch ein oder zwei Wenden zu machen oder ein paar beliebige Kommandos befolgen zu lassen`. Darauf loben Sie den Hund ausgiebig (nur keine Naschereien geben!) und gönnen Sie ihm eine Erholungspause.

Wenn der Hund aber **außerstande ist**, weiter zu arbeiten, weil sein Nervensystem streikt, wird er weder sich noch Sie ablenken. Aber: **(1)** die Bewegungen werden hastig und unkonzentriert; **(2)** die Augen schielen ein wenig; **(3)** die Ohren legen sich, wenn auch nur wenig, zurück; **(4) Gähnen, Speichelfluss, häufige und unterbrochene Atmung sind Anzeichen einer bereits sehr ernsten Überforderung!** Es gibt auch noch andere Symptome, doch nenne ich das, was am leichtesten zu bemerken ist. `In diesem Fall sind die Übungen zu unterbrechen, man muss dem Hund die`

Möglichkeit geben, etwas zu beriechen oder zu besehen. Man kann mit ihm ein wenig wandern, ohne Kommandos, im freien Stil, in einem für ihn günstigsten Tempo.

***

1.Kommando "Fuß" mit allmählichem Tempowechsel.

Anmerkung: Das Bewegungstempo verändert sich meist ohne jähen Übergang von einem beschleunigten Schritt, den der Hund vorzieht, bis zur Verlangsamung in Richtung der Geschwindigkeit, die der Herr vorzieht, und in den Übungen bis zum "Schneckenschritt".

2. "Geschlängelter Weg" mit Umgehen von Bäumen und Varianten von Bahnen und Tempo und dann unter Einschaltung von Pausen (Wechsel von Stillstehen mit Sitzen und im Stehen).

Anmerkung: Das Bewegungstempo verändert sich sowohl allmählich als auch ruckartig ("in drei Tempi") an einzelnen Abschnitten; beim Halten während des schnellen Bewegungstempos darf der Hund einen oder zwei Schritte "zwecks Verlangsamung" tun; das Halten im Stehen ist für den Hund schwieriger als das im Sitzen.

3. Zickzack auf einem Pfad.

Anmerkung: Zu berücksichtigen sind Veränderungen in der Verfassung des Hundes je nach der Beschaffenheit der Oberfläche (Asphalt, Sand, Gras).

4. "Mäander" auf einem Pfad.

Anmerkung: Das Schema der "Mäander"-Bewegung ist in Anhang 8 angegeben; die gleichen Forderungen wie bei einem "geschlängelten Weg". Zu beachten ist das mögliche Abrunden von Winkeln, verlangt werden aber muss eine exakte Wende im rechten Winkel. In diese Übung sollte man Wenden an jeder Ecke aufnehmen (unbedingt das Halten fixieren, die Wende auf der Stelle vollführen und wieder das Halten nach der Wende fixieren) und dann auch ein "gleitendes" Halten einschalten: bei jeder zweiten, jeder dritten Wende usw.
Die ungeraden Fälle von Halten sind für den Hund schwieriger als die geraden.

5. Das Kommando "Rechts" und sein Wechseln mit dem Kommando "Fuß".

6. Das Kommando "Vorwärts".

7. Die Kommandos "Vorwärts", "Halt": Wechsel während der Bewegung.

8. Das Kommando "Langsam": verlangsamte Bewegung.

9. Übergang vom Kommando "Vorwärts" zum Kommando "Fuß" und umgekehrt (Aufeinanderfolge).

Anmerkung: Der Abstand zwischen Hund und Herr beim Vorausgehen sowie die Bewegungsgeschwindigkeit verändern sich.

10. "Fuß" mit Sitzen mitten im Gehen und dem Trainieren der Ausdauerpause.

Anmerkung: Die Ausdauerpause beginnt

mit 5 – 10 Sekunden mit nachfolgender allmählicher Verlängerung; nach einer 20-Sekunden-Pause kann die Zeit der Ausdauerpause schneller erhöht werden.

11. Ausrichten nach dem Herrn.

12. Rückkehr zu einer durch eine Tasche gekennzeichneten Stelle (Entfernung von nicht über 5 Meter).

13. Mehrere Wendungen auf der Stelle.

Anmerkung: Sie werden in der üblichen Art ausgeführt, wie sie in den Dressurbüchern beschrieben sind. Zur Konzentration der Aufmerksamkeit des Hundes ist aufzupassen, dass er bei der Ausführung der Übung das Halten vor und nach der Wende genau fixiert und nicht auf der Stelle tritt.

14. Übungen mit Sportgeräten:
• Steigen auf Kinderrutschbahnen auf beiden Seiten mit Pausen in der Haltung "Sitz" und der oben erfolgenden Ausführung von einem oder zwei Kommandos wie "Zurück".
• Gehen über einen **unebenen** und **geneigten** Baumstamm (gefällter Baum);
• Gehen über eine Erhöhung, einen Balken (Schwebebalken) usw. unter allmählichem Einbeziehen anderer Kommandos: Kombination von Kommandos auf dem Balken (Schwebebalken), bei der in die eingeübte Standardkombination neue und unerwartete Elemente eingeschaltet werden, sich die Reihenfolge der Handlungen verändert u. ä.

15. Ausarbeitung des "befreienden" Kommandos: "Lauf", "Bist frei" usw.

Anhang 7.

Maßnahmen zur Senkung der Erregbarkeit des Nervensystems

1
- Achten Sie sorgfältig auf die Menge von Fleisch und anderem Eiweißfutter in der Ration des Hundes. Sehr wahrscheinlich ist, dass Sie mit einem Tierarzt die Erhöhung der Tagesdosis an Kalzium und der B-Vitamine besprechen müssen (Bereicherung der Ration durch Nahrungsmittel und Zusätze, die besagte Stoffe enthalten).
- Prüfen Sie die Häufigkeit der Fütterung je nach dem Alter. Sehr wichtig ist es, eine richtige Einstellung zum Fressen zu schaffen, mit einer Pause vor der Erlaubnis zum Fressen. Verzichten Sie vollends auf scharfe und süße Sachen, auf "Leckerbissen" in den Zwischenzeiten.
- Sehr wünschenswert sind auch der Verzicht auf trockenes und konserviertes Futter und der Übergang zu der für den Hund günstigen natürlichen Ration.

2
Halten Sie sich, soweit es das Leben ermöglicht, an ein optimales Regime der Spaziergänge:
- Morgens (6 - 7 Uhr) ein längerer, ein- bis anderthalbstündiger Spaziergang mit dem Spazierenführen auf der Straße an der Leine;
- tagsüber (14 - 16 Uhr) ein Spaziergang von 20 – 30 Minuten mit aktiven Bewegungsbelastungen und Spielen (darunter Umgang mit anderen Hunden);
- abends (19 - 20 Uhr) ein Spaziergang von 50 – 60 Minuten unter Ausführung der empfohlenen Übungen;
- vor dem Schlafengehen (22 - 23 Uhr) ein "Hygienespaziergang" von 10 – 20 Minuten.

3 Sie müssen unbedingt an die Verminderung des Anteils von beweglichen Spielen denken, wenn aber der Hund sie mag und sich beim Spielen viel zu sehr erregt, ist es ratsam, sie ganz auszuschließen.

4 Die Anwendung von speziellen Körperbelastungen (Übungen mit zusätzlichen Gewichten und Expandern) ist insoweit empfohlen, wie das der erwünschte Konstitutionstyp des Hundes zulässt. So werden für trockene und zarte Hunde anstatt von zusätzlichen Gewichten Klettern und Kriechen angewandt.

5 Lassen Sie nach Möglichkeit das Kraulen und Streicheln des Hundes, besonders am hinteren Körperteil, im Bereich der Leistengegend, des Bauchs und der Sitzbeinhöcker. Viel besser ist es, solche Liebkosungen durch eine kardiotrope Massage (Brustbeingegend) und die Massage der Halsbasis von oben zu ersetzen (von unten lieber nicht massieren, um die Schilddrüse nicht zu reizen).

6 Im Umgang mit dem Hund machen Sie sich eine tiefere Stimmlage und verminderte (!) Lautstärke beim Erteilen von Kommandos zur Regel. Wenn Sie sich mit dem Hund durch Gesten verständigen und auch sonst gern "mit den Händen sprechen", denken Sie daran, dass

In jeder Situation, die mit dem Hund zu tun hat, beherrschen Sie die eigenen Emotionen.

7 Bei der Arbeit mit dem Hund schenken Sie folgenden Methoden mehr Aufmerksamkeit:

1. Lernen von komplizierten Reihenfolgen der Handlungen.
2. Gehen über unebene Oberflächen (gefällter Baum, Kies-, Sand- Schneehaufen, lockerer Schnee, seichte Wasserstellen).
3. Klettern auf einem geneigten Baum mit Übergängen über die Äste.
4. Übungen mit Geräten in Verbindung mit Hemmkommandos (*"Sitz"*, "Halt", *"Liegenbleiben"* / "Runter") und Ausdauerpausen.
5. Durcharbeitung des Kommandos "*Fuß*" in langsamem Tempo (allmähliche Verlangsamung des vom Hund präferierten Bewegungstempos) sowie mit Sitzen und Liegenlassen während der Bewegung.
6. Kehrtwendungen und Pirouetten auf einem niedrigen und schräggestellten Turnpferd.
7. Durcharbeitung der Kommandos "*Vorwärts*" und "*Langsamer*".
8. Wechseln von Durchspringen und Durchkriechen von eingegrabenen Autoreifen.
9. Übungen auf geneigten, schwankenden

und schaukelnden Geräten, auf Kinderwippen und -karussellen zur Entwicklung des Vestibularapparates.

8 Wenn Ihr Hund nach dem Motto lebt "Keine Zeit zum Nachdenken, es gilt zu handeln", so sind für ihn folgende Übungen nützlich:

1. Apportieren mit Anhalten vor dem Laufenlassen.

2. Bewusste Ausdauerpause vor dem Heranlassen an jedes Gerät.

3. Schroffes und schnelles Weggehen des Herrn von dem Hund, dem das Kommando *"Bleib"* erteilt worden ist.

4. Einführung von hemmenden Pausen mit Ausdauerpausen bis zu 20 Sekunden bei der Ausführung von früher eingeübten Reihenfolgen von ununterbrochenen Handlungen.

5. Durcharbeitung eines befreienden Kommandos bei der Vollführung von Übungen mit Ausdauerpausen.

6. Durcharbeitung von Hilfskommandos wie *"Erfüllen"*, *"Mach"* nach der Pause vor dem Heranlassen an ein Gerät.

7. Gehen über ein auf der Erde liegendes Brett wie über ein Turnpferd.

9 Für die Entwicklung von Verhalten und Intellekt werden Sie schließlich noch gewisse zusätzliche Methoden benötigen:

1. Beibringen der Arbeit auf eine Geste hin und Wechsel von Stimmkommandos und Gesten.

2. Variieren der Art und Weise der Ausführung einer Übung (z. B. der Geschwindigkeit) je nachdem, wie das Kommando erteilt wird.

3. Durcharbeitung der Kommandos *"Fuß"* und *"Rechts"* mit Angleichen nach der Ausdauerpause.

4. Verschiedene Varianten der Arbeit an der Leine und ohne sie.

5. Durcharbeitung der Fertigkeiten *"Hör"* und *"Sieh"*.

Anhang 8.

Methoden und Übungen zur Korrektur der Psyche Problemen bei Foxterrieren ; Schemas

Launischer und emotionaler Hund

1. Durcharbeitung der Kommandos des "Komplexes": mit und ohne Leine, neben dem Hund und aus Entfernung, an verschiedenen Seiten des Hundes.

2. Trainieren des "Komplexes" nach dem so genannten "W-Schema": Halt – Liegen – Sitz – Liegen – Halt – Sitz – Halt.

3. Varianten des Sitzen- und Liegenlassens beim Gehen: mit dem Weggang des Herrn, seiner Rückkehr, dem Herbeirufen, der Bewegungsfortsetzung.

4. Häufiger Wechsel: regelmäßige Aufeinanderfolge von Halten und Bewegungsvarianten: *"Fuß"* – *"Sitz"* – (Weggehen des Herrn ohne Halten) – *"Fuß"* – *"Vorwärts"* – *"Stopp"* (Herankommen des Herrn ohne Halten) – *"Fuß"*. Achtung: Sehr hohes Überlastungsrisiko!

5. Apportieren mit und ohne Ausdauerpause.

6. Kompliziertes Aufeinanderfolgen von Handlungen (dynamische Verhaltensstereotypen), Festigung durch spezielle Kommandos (*"Tanz"*, *"Baumstamm"* usw.)

7. Trainieren der Auswahl der Bewegungsrichtung ("Sandkasten"). Übungen am Sandkasten (möglich mit Pausen). Ausgangsvariante auf das Kommando *"Fuß"*, erschwerte Variante auf das Kommando *"Vorwärts"*:
• Durchgang;

- Wenden auf das Kommando "*Nach links*" oder "*Nach rechts*" hin innerhalb des Sandkastens mit Austreten unter dem Winkel von 90° durch die entsprechende Seite;
- Zickzack über den Sandkastenrand;
- Wenden nach links und nach rechts vor dem Betreten des Sandkastens;
- Umgehen des Sandkastens von außen in der angegebenen Richtung.

8. Nützlich sind Agility-Übungen und beliebige andere Tätigkeitsarten, verbunden mit mannigfaltigen Kombinationen von einfachen Handlungen.

❗ Sehr wünschenswert ist es, sich an die allgemeinen Regeln zur Erhöhung der Selbstbewertung zu halten:

1. Stellen Sie Anforderungen an den eigentlichen Fakt der Ausführung einer Übung und nicht an die Qualität der Ausführung.

2. Loben Sie den Hund aktiv für jeden neuen Erfolg, zeigen Sie Ihren Stolz auf den Hund und bewundern Sie seine Leistungen.

3. Nach dem Training (am besten während des Familienabendessens oder vor dem Schlafengehen) berichten Sie Ihren Angehörigen unbedingt über alle heutigen Erfolge des Hundes; es ist keine große Sünde, wenn Sie seine Errungenschaften sogar etwas übertreiben und die Fehler untertreiben.

4. Erhöhen Sie die Kompliziertheit der Übungen sehr langsam, hier ist die Rekordhascherei fehl am Platz; sehr langsam verändern Sie auch die Dauer der Ausübung (erst nach der sicheren Aneignung der vorherigen Etappen).

5. Vermeiden Sie Misserfolge auf Geräten; nach jedem Misserfolg erteilen Sie dem Hund eine ähnliche, aber leichtere Aufgabe.

6. So oft es nur geht, erhöhen Sie den Anteil der Übungen, die mit dem Aufsteigen verbunden sind (Kinderrutschbahn mit Halten und eingelegten Pausen und Kommandos).

7. Nützlich für Ihren Hund ist das Besteigen von Treppen und Erhöhungen nach dem Kommando "*Vorwärts*", wobei er Ihnen vorauseilt.

8. Beim Umgang mit dem Hund müssen Gesten, die **von unten** kommen, und eine **hohe** Stimmlage überwiegen; doch in kritischen und für den Hund beunruhigenden Situationen muss man sich davor hüten.

9. Sehr nützlich ist der Umgang mit harmlosen jüngeren Hunden und die Siege bei Spielen. Selbst in den "Beutespielen" mit Ihnen sollte der Hund möglichst oft siegen.

10. Recht wünschenswert ist es (selbst im Alter von beinahe einem Jahr), ein drohendes Verhalten gegenüber Fremden auszuarbeiten; vereinbaren Sie es mit jemandem von Ihren Bekannten (nicht denen des Hundes!), dass er so tut, als wollte er den Hund beleidigen, doch es mit der Angst bekommen habe, und dass er gleich bei seiner ersten Bewegung auf ihn zu oder beim Knurren zurückweicht.

11. In allen **gefahrlosen** Situationen empfehle ich Ihnen ausdrücklich, die Initiative und Selbstständigkeit beim Treffen von Entscheidungen maximal zu entwickeln und zu stimulieren.

! Doch die Ausführung der aufgezählten Übungen ist absolut ungenügend, wenn Sie nicht gleichzeitig den Stil des Umgangs mit dem Hund verändern und ihn nicht so oft liebkosen und nicht verzärteln. Bitte nicht übelnehmen!

Hilfe beim Abgewöhnen "schlechter Gewohnheiten":

1. Bei strikter Ordnung von Füttern und Spaziergehen Einführung eines freieren Regimes (Verschieben der Zeit von Füttern und Spazierengehen um etwa 15 Minuten), Veränderung der Futterzusammensetzung und der Tätigkeitsarten während der Spaziergänge.

2. Änderung des Ortes des Spazierganges.

3. Veränderung kleiner alltäglicher Einzelheiten, bis hin zum Auswechseln des Halsbandes, der Leine, Ihrer eigenen Kleidung für den Spaziergang.

4. Verwendung von Kommandosynonymen und "sanften" Varianten (*"Komm her"* beim Herbeirufen, *"Gehen wir"* bei der Bewegung, *"Setz dich"* beim Setzen usw.), die je nach den Umständen abgeändert werden.

5. Anwendung von spielartigen Abwandlungen beim Ausführen der Übungen.

6. Einführung des Kommandos "*Rechts*" als Variante des Kommandos "*Fuß*".

7. Variieren von Techniken beim Spazierenführen "*in der Fußposition*".

8. Unterteilung der ununterbrochenen Bewegung in Abschnitte durch Halten und Wenden auf der Stelle ("Fragmentierung" der Bewegung).

9. Bewegung in Zickzacksprüngen längs einer niedrigen Umzäunung.

10. Trainieren der Auswahl der Bewegungsrichtung ("Sandkasten").

11. "Gleitendes Halten" (z. B. nach jedem dritten von vier Mäanderwenden oder Sprüngen).

12. Bewegung mit wechselnder Länge der Abschnitte (zwei Schritte – Halten – vier Schritte – Halten... zehn Schritte – Halten – acht Schritte – Halten – ... zwei Schritte – Halten).

Schemen der Bewegungsübungen

(entwickelt von Autor gemeinsam mit Yu. Kriwolaptschuk, Übersetzung: O. Panferov, J. Merklein)

Legende:

1 ——————— Bewegung mit dem Hund;

2 - - - - - - - - - Bewegung des Herrchens ohne Hund ;

3 ▬▬▬▬▬▬ Bewegung des Hundes;

4 ——————▶ Bewegungsrichtung;

5 | Anhaltepunkt des Herrchens;

6 ▮ Anhaltepunkt des Hundes.

1. Bewegung im Kreise (Befehl: "Fuß", "bei Fuß").

Die Bewegung wird in einem der drei Gehenstempi gemacht manchmal auch im Laufen. Oft wird auch Tempowechsel verwendet. In der Bewegung werden auch die Stopps eingeschlossen mit Wechslung der Befehlen "Sitz" und "Stop/Halt".

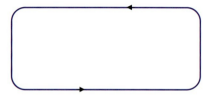

2. Die Stopps in der Bewegung und Weggang vom Hund (Befehl "Sitz" oder "Platz").

2.1. Mit Rückkehr zum Hund:

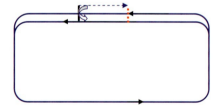

2.2. Mit dem Ruf (Befehl " Komm"):

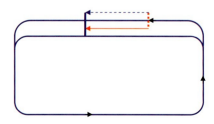

2.3. Mit Angleichen (Befehl "Fuß", "bei Fuß"). Das Pfeil zeigt des Zeitpunkt des Befehls:

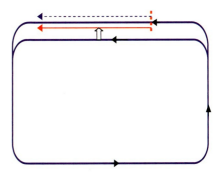

3. "Geschlängelter Weg" (Befehl "Fuß", "bei Fuß").

3.1. Einfacher "Geschlängelter Weg":

3.2. "Geschlängelter Weg" mit Lücken:

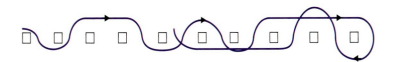

3.3. "Geschlängelter Weg" mit "Ausflug":

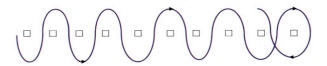

3.4. Profilierte "Geschlängelte Wege":

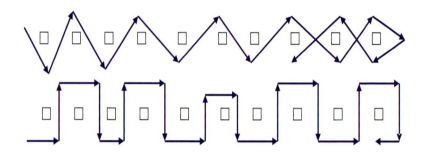

3.5. Doppelte "Geschlängelte Wege":

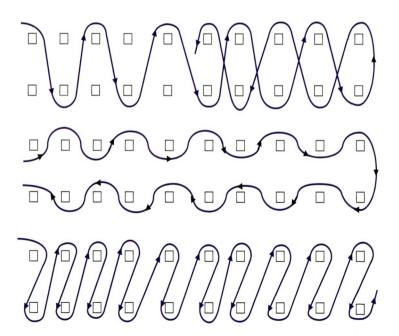

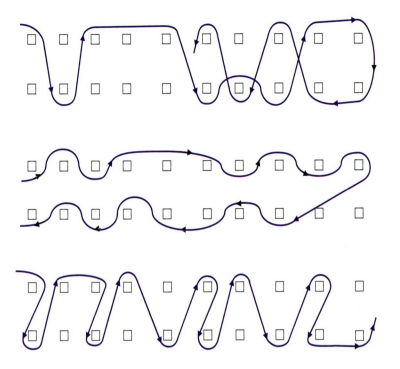

4. Übungen auf einem Pfad.

4.1. Bewegung im Zickzack:

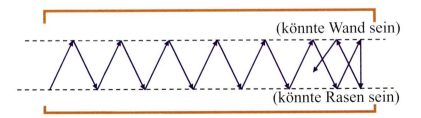

4.2. Mäanderbewegung :

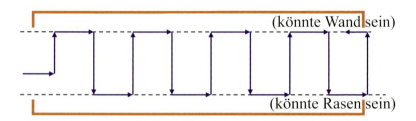

4.3. Kombinationen:

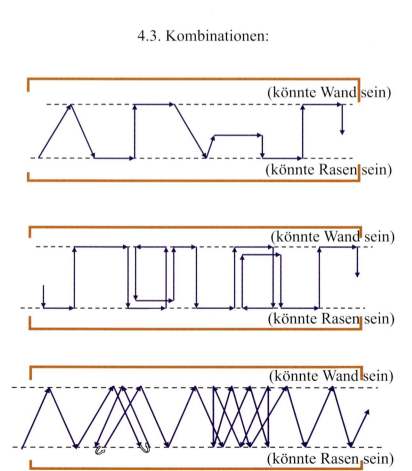

5. "Grenze". Mann kann der Rand eines asphaltischen oder sandigen Gehwegs oder auch Rasenrand verwenden.

6. Zickzacksprunge über niedriges Barier. Die Sprünge könnten auch mit Halts oder Sitzens ausgeführt werden.

7. Sandkasten. Ausführung ist möglich nach den Befehlen "Fuß" oder "Vorwärts".
Fette Pfeil zeigt Die Eingangsrichtung, die strichpunktierte Linien – die Varianten des Ausgangs.

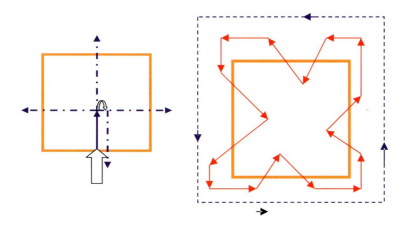

7'. Umgehung des Sandkastens (zuerst – mit dem Befehl "Fuß", danach mit dem Befehl "Vorwärts", "Nach links","Nach rechts"):

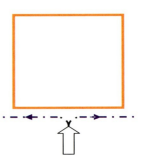

8. Hügel. Nach den normalen Bewegungsübungen werden dir Auf- und Abstiege mit Stopps ausgeführt, in zwei-drei Etappen unter Verwendung der Befehlen "Sitz" und "Stop/Halt".

8.1. Auf- und Abstieg auf einer Treppe:

8.2. Auf- und Abstieg auf einem Gefälle:

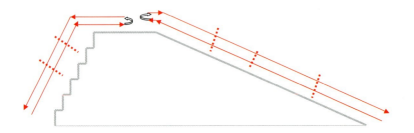

9. Übungen auf Autoreifen. Es werden die in eine Reihe vertikal eingegrabene Autoreifen verwendet.

9.1. Direkte Gang:

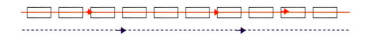

9.2. "Geschlängelter Weg":

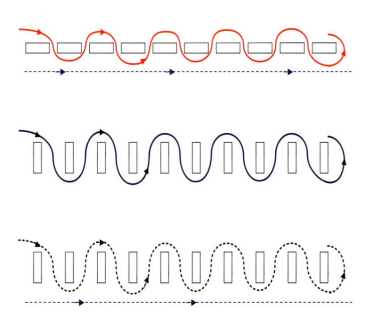

9.3. Zickzacksprünge:

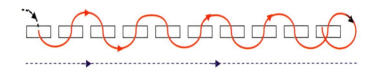

9.4. Kriechen unter (die Reifen sollen auch entsprechenden Durchmesser haben):

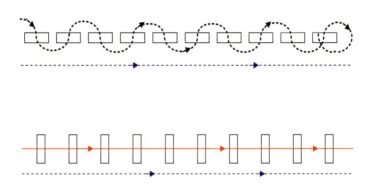

9.5. Wechslung von Sprüngen und Kriechen.

MEINE FOXE LASSEN DIE IHREN HERZLICH GRÜSSEN!

Nataliya Kriwolaptschuk